Die Sonne

Das Bin Ich

K. Parvathi Kumar

Die Sonne

Das Bin Ich

Edition Kulapati

Erste Auflage 2015

Bibliografische Information Der Deutschen Bibliothek
Die Deutsche Bibliothek verzeichnet diese Publikation in der Deutschen Nationalbibliografie; detaillierte bibliografische Daten sind im Internet über http://dnb.ddb.de abrufbar.

Die Sonne – Das Bin Ich / K. Parvathi Kumar
1. Auflage – Wermelskirchen : Edition Kulapati, 2015
Einheitssachtitel: Sun – That I Am <dt.>
ISBN: 978-3-930637-66-9

Übersetzung, Lektorat und Produktion des Buches wurden durch gemeinsames Bemühen von Personen realisiert, die sich dem Werk von Prof. Dr. K. Parvathi Kumar verbunden fühlen.

Druck und Bindung: Fontfront, Roßdorf

Inhalt

Hinweis: Sanskrit-Begriffe sind kursiv geschrieben

Vorwort

Herzliche brüderliche Grüße und gute Wünsche an alle Brüder und Schwestern, die aus Südamerika und Europa angereist sind, um die Faszination des Ostens zu erleben. Die Reise nach Osten ist ein Symbol für die Reise zum Licht der Weisheit.

Die Tiefe eurer Aspiration wird an der weiten Reise erkennbar, die ihr alle auf euch genommen habt. Möge dieses Gruppenleben durch das dreimalige tägliche Gebet, durch den zweimaligen täglichen Unterricht und durch das durchgängige Gruppenleben die innere Reise von Westen nach Osten, vom *Mûlâdhâra* zum *Âjnâ* ermöglichen. Ein Gruppenleben ist erfüllt, wenn wir den EINEN in allen erkennen, während wir einander ansehen.

Ich möchte Dr. M. Gopala Krishna Reddy, dem Vizekanzler der Andhra Universität, meinen Dank aussprechen. Er kam uns in ungewöhnlicher, freundschaftlicher Weise entgegen, als er das Haus des Vizekanzlers mitsamt dem Garten für unser Gruppenleben zur Verfügung stellte.

Dr. Gopala Reddy ist ein großartiger Aspirant des Lichts und ein guter Freund, der besondere Mühe auf sich nahm, um dieses Haus mit Park für uns herzurichten, wofür er möglicherweise auch kritisiert werden wird. Er war so kühn, mir am Telefon zu sagen: „Im Hinblick auf Handlungen guten Willens ist auch Kritik willkommen." In unserer Gesellschaft ist Kritik eine normale Reaktion auf jede bemerkenswerte Handlung, egal ob sie aus gutem oder bösem Willen entsteht. Aus Angst vor Kritik fangen viele wohlmeinende Personen erst gar keine Handlungen guten Willens an. Wenn wir davon überzeugt sind, dass das, was wir tun, dem allgemeinen Wohl dient, müssen wir die Angst vor der gesellschaftlichen Meinung überwinden. Nur Freundlichkeit und Gutsein reichen nicht. Wir brauchen auch Mut, um zu zeigen, was wir für gut halten. Der Vizekanzler dient vielen Aspiranten als Vorbild, denn er hat nicht nur den Willen, sondern auch den Mut. Wille, Mut, Wissen und Verschwiegenheit sind die vier wesentlichen Eigenschaften eines wahren Aspiranten.

Eine weitere Eigenschaft eines wahren Aspiranten ist, selbst für ein wenig Entgegenkommen dankbar zu sein. Wenn wir für das, was uns gegeben wird, nicht dankbar sind, laufen wir Gefahr, undankbar zu werden. Dankbarkeit ist eine fundamentale Eigenschaft, die die Grundlage für ein Leben guten Willens legt. Somit wollen wir unser Gruppenleben mit dieser gesunden und angenehmen Danksagung an den Vizekanzler Dr. Gopala Reddy beginnen. Er hat ein erfülltes Leben, und so möge es bleiben.

Diese Universität ist die Mutter-Institution, die der Inspiration und Erkenntnis junger Menschen dient. Ihr Motto ist *Tejaswinam Avadhitamastu*. Es stammt aus der KATHA-UPANISHADE und bedeutet: „Möge das Licht nicht behindert werden und möge das Lernen den Lehrer und die Schüler erleuchten."

In dieser Institution habe ich fünf Jahre studiert. Sie eröffnete mir viele Dimensionen des Lebens, die sich verstärkend auf meine Bemühungen um das Licht auswirkten. Dass der Weisheitsunterricht im Garten des Vize-Kanzlers stattfindet, schenkt diesem Gruppenleben zusätzlichen Glanz.

K. Parvathi Kumar

Einführung

Es wird gewünscht, dass ich in diesem Gruppenleben über die Energie der Sonne, des Sonnenengels, spreche, der die Grundlage unseres Sonnensystems ist. Wenn wir uns die Sonne vorstellen, müssen wir an jenes Bewusstsein denken, das die Grundlage unseres Sonnensystems bildet. Jeder von uns ist eine Bewusstseinseinheit, eine Mini-Sonne. Eine andere Bezeichnung für dieses Bewusstsein ist ICH BIN. Wenn wir von der Sonne sprechen, meinen wir das ICH-BIN-Bewusstsein. Mit anderen Worten: Wir sprechen von uns selbst. Das Selbst in euch und in mir unterscheidet sich nicht vom Selbst des Sonnenengels. Es ist dasselbe Bewusstsein, das in verschiedenen Dimensionen und Größenordnungen erscheint. Die Essenz der Sonne und unsere Essenz sind ein und dasselbe. Wir unterscheiden uns nicht von unserer Sonne.

Wir sollten lernen, die Sonne als nicht verschieden vom ICH BIN zu betrachten. In den *Veden* heißt es: „Die Sonne, die ich sehe und das ICH BIN sind eins."

Das Studieren und Erkennen der Sonne verursacht die entsprechenden Korrekturen in unserem Bewusstsein und führt gleichzeitig zur Selbst-Verwirklichung.

Die Seher der Weisheit haben viele verborgene Geheimnisse des Sonnengottes entdeckt. Es ist unmöglich, ihre Bedeutung durch einen Unterricht wie diesen zu beschreiben und zu offenbaren. Wenn ein Mensch versucht, die Weisheit der Sonne durch Unterrichten zu erklären, ist das so, als würde ein Teilstück das Ganze erklären wollen. Ein Teil ist nur ein Teil. Es ist aus dem Ganzen herausgearbeitet und enthält die Essenz des Ganzen. Wenn es versucht, das Ganze zu erfassen, wird es in das Ganze absorbiert. Alle Bemühungen um seine Deutung und Erfassung können nur fragmentarisch bleiben. Daher gilt der alte Ausspruch, dass ein Teil niemals das Ganze verstehen kann.

Mögen die ernsthaften Schüler sorgfältig über die dargelegten Konzepte meditieren und sich mehr mithilfe ihrer Intuition als mit dem Intellekt ausführlich mit ihnen beschäftigen, da sie nach Erkenntnis und nicht nur nach Wissen suchen. Wir sollten bedenken, dass wir im Wesentlichen Wahrheitssucher sind. Wissen ist das Hilfsmittel.

Kapitel 1

1. Ausrichtung auf den Sonnengott

Gläubige rund um den Erdball verehren Gott durch viele Namen und Formen. Eine Fülle von Namen und Formen werden jener Energie, die man Gott nennt, zugeschrieben. In jüngerer Zeit sind viele Religionen, Kulte und Sekten entstanden, die Tausende von Konzepten hervorgebracht haben, die den Suchenden helfen sollen, die Wahrheit zu finden. Eine andere Bezeichnung für die Wahrheit ist Gott. Doch all diese Methoden sind zweitrangig. Einerseits sind Konzepte hilfreich, aber sie bringen auch eine gewisse Unübersichtlichkeit.

Ein Konzept verbirgt genau die Wahrheit, die es eigentlich erklären und offenbaren will. Es gibt überaus viele Theologien, Ideologien, Gedankenschulen, mit denen die Aspiranten wie Kinder herumspielen. Was offensichtlich, sichtbar und klar ist, wird von geheimnisvollen Konzepten verdunkelt, die die Suche nach der Wahrheit viel komplizierter machen als sie in

Wirklichkeit ist. In der Fülle der Konzepte geht der Suchende unter. Infolgedessen lehnt er eine einfache, klare Vision ab. Er wird von seinen eigenen mystisch-grauen Gedanken umwoben und eingehüllt.

Auf der Jagd nach der geheimnisvollen Wahrheit übersehen viele Suchende die Wahrheit. Es ist die Frage, wie viele Suchende sich wirklich auf den Sonnengott, die Gottheit am Himmel, ausrichten und über sein Geheimnis kontemplieren. Warum sollten die Suchenden den sichtbaren Gott, die sichtbare Wahrheit am Himmel mit einer geringeren Wahrheit, mit geringeren Konzepten und geringeren Formen von Gott ersetzen?

Die Suchenden kontemplieren über Farben, singen *Mantren* und meditieren über Symbole, während täglich das Symbol, die Farbe und die Form Gottes am Himmel zu sehen ist: der Sonnengott.

Die Sonne zeigt sich als Kreis, und von der Erde aus ist dieser Kreis in strahlendem Weiß, Goldgelb, Orange usw. zu sehen. Die Sonne ist die Lebensgrundlage, das Fundament des Sonnensystems. Als das Ich Bin bildet sie auch in uns das Fundament. Durch die gesamte aufgezeichnete Menschheitsgeschichte kann man die Sonnenverehrung zurückverfolgen. Die Menschen verehrten die Sonne, um die verlorene Strahlkraft und Helligkeit des Bewusstseins wiederzugewinnen. Außerdem entdeckten sie, dass die Sonnenverehrung hilfreich war, um Lebenskraft und ein pulsierendes, dynamisches Leben zu bekommen, ein Leben, das Krankheit, Verfall und Tod standhält. Allmählich wurde die Verehrung der Sonne und Sterne durch die Verehrung von Formen und anderen Symbolen ersetzt. Doch hinter allen Verehrungsformen ragt die Sonnenenergie als Hintergrund heraus.

In unserer Zeit gibt es nur wenige Sonnentempel, aber viele Tempel für andere Gottheiten. Die Anbeter auf dem Planeten sind vom eigentlichen Ziel abgewichen und umkreisen es, ohne der Wahrheit näher zu kommen. Das zentrale Thema der esoterischen Schriften waren stets die Übungen zur Erkenntnis der Sonnenenergie im Menschen und in seiner Umgebung.

In Würdigung und Wertschätzung der Grundwahrheit sollte der solare Weg jedoch nicht überbetont werden. Dieses Buch ist eine bescheidene

Bemühung, die Suchenden erneut auf die eigentliche Grundlage des menschlichen und solaren Systems auszurichten.

2. Die verschwundene Sonne

In vielen Themen, Kulturen und Theologien findet man die Geschichte von der verschwundenen Sonne, von ihrem Exil, ihrer Gefangenschaft und ihrem Tod. Die gemeinsame Geschichte dahinter erzählt davon, dass der Mensch sein eigentliches Selbst vergessen hat und mit einer Ersatzwahrheit lebt. Weil er eine abgesonderte Identität hat, identifiziert er sich mit seinem Namen, seiner Form, seinem Geschlecht, seiner Bevölkerungsgruppe, seiner Nationalität, seiner Sprache usw. Er vergisst, dass er eigentlich eine pulsierende Bewusstseinseinheit und sein Name Ich Bin ist.

Die Menschen leben in ihrer Persönlichkeit, aber nicht als Seele, die sie in Wirklichkeit sind. Dies beschreiben die Geschichten von der verschwundenen Sonne.

Ebenso beziehen sich die Geschichten von der Gefangenschaft der Sonne auf die Seele, die in Gefangenschaft lebt. Die menschliche Seele ist von der Materie gebunden. Mangelndes Wissen über den Umgang mit der Natur lockt die Seele an und bindet sie.

Wenn das Wissen über den richtigen Umgang verloren geht, verstrickt sich der Mensch und wird durch seinen unpassenden Umgang mit der Natur gebunden. Ohne dass er es bemerkt, entwickelt sich die Bindung durch seine Beziehung. Wer sich mit der Natur verbindet, sollte diese Wahrheit in seinem Bewusstsein behalten und dann die Beziehung zur Natur herstellen. Das nennt man „mit Handschuhen arbeiten“. Solange man die Handschuhe trägt, bleiben die Hände sauber, obwohl sie engen Kontakt mit dem Materiellen haben. Genauso sollte ein Teil des Menschen losgelöst bleiben, während ein anderer Teil in der materiellen Welt aktiv ist. In diesem Zusammenhang haben die Seher ein Konzept als Hilfsmittel gegeben: „Stellt euch den Baum des Lebens vor. Stellt euch weiter vor, dass auf einem seiner Äste ein Vogel sitzt. In dem Vogel befindet sich ein weiterer Vogel. Der äußere Vogel freut sich daran, die Früchte des Baums zu genießen, während der innere Vogel sich an der Freude des äußeren Vogels freut."

Der innere und der äußere Vogel sind nur ein Vogel in zwei Formen. Genauso kann auch der Mensch einen inneren Menschen entwickeln und den Handlungen des äußeren Menschen zusehen. Der äußere Mensch ist wie der Handschuh, während der innere Mensch die Hand selbst ist.

Fehlendes Wissen führte den Menschen dazu, gedankenlos mit der Natur umzugehen, so dass er gebunden wurde. Daher wurden die Menschen zu Gefangenen des Planeten, obwohl sie eigentlich Pilger auf dem Planeten sein sollten. Auf diese Weise verlagerte sich die Identität des Menschen, so dass er sich nicht mehr als unsterbliche Seele, sondern als sterblichen Menschen wahrnahm. Infolgedessen glaubt er an den Tod und die mit ihm verbundene Angst.

3. Die Sonnenfeste

Der scheinbare Lauf der Sonne am Himmel

Von der Erde aus betrachtet scheint sich die Sonne am Himmel zu bewegen. Es sieht so aus, als würde sie innerhalb eines Sonnenjahrs seitwärts von Norden nach Süden und von Süden nach Norden wandern.

Anscheinend durchläuft die Sonne den Tierkreis. Doch in Wirklichkeit bewegt sich die Erde um die Sonne. Diese scheinbare Bewegung, die von der Erde aus wahrgenommen wird, nutzten die Seher, um Ausblicke der Weisheit zu eröffnen.

Scheinbar reist die Sonne von Juni bis Dezember in südlicher Richtung vom Wendekreis des Krebses zum Wendekreis des Steinbocks. Von Dezember bis Juni reist sie vom Wendekreis des Steinbocks nach Norden zum Wendekreis des Krebses.

Der scheinbare Abstieg der Sonne wird zur Involution und der scheinbare Aufstieg der Sonne wird zur Evolution der Wesen auf der Erde in Beziehung gebracht.

Während die Sonne aufsteigt und absteigt, überquert sie auf ihrer nördlichen und südlichen Reise zweimal den Äquator. Die Zeiten, an denen sie beim Aufstieg den nördlichsten Punkt und beim Abstieg den südlichsten Punkt erreicht sowie die zwei Überquerungen des Äquators wurden in allen Theologien des Altertums als

Feste gefeiert. Sogar heute gibt es diese Feierlichkeiten noch, wenn auch in entstellter Form. Für die Aspiranten wäre es gut, sich mit der ursprünglichen Bedeutung der Feste und mit den vier kardinalen Aspekten der scheinbaren Bewegung der Sonne zu verbinden. Diese vier kardinalen Punkte sind:

- die Sommersonnenwende (21./22. Juni),
- die Wintersonnenwende (22./23. Dez.),
- die Frühlingstagundnachtgleiche (20./21. März),
- die Herbsttagundnachtgleiche (22./23. Sept.).

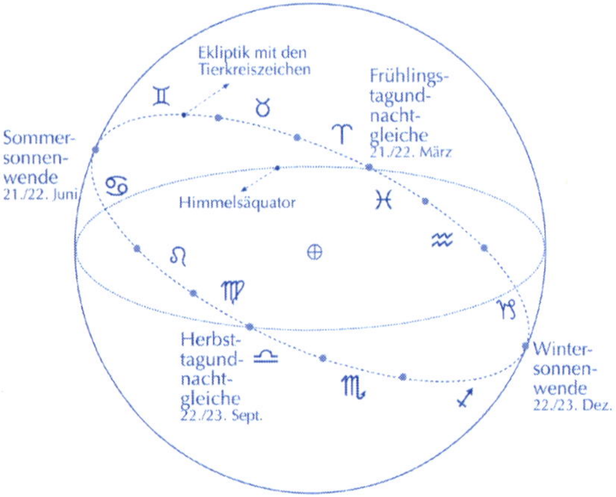

Die vier kardinalen Punkte

In einem Sonnenjahr kommt den vier kardinalen Punkten große Bedeutung zu. Sie stellen den vierfältigen Aspekt der Schöpfung dar. Die Schöpfung vierfältig darzustellen, ist ein Hauptschlüssel. Die vier Aspekte werden von den vier Existenzstadien repräsentiert:

- reine Existenz,
- Existenz, Bewusstsein,
- Existenz, Bewusstsein, Gedanke,
- Existenz, Bewusstsein, Gedanke, Handlung.

Diese vier Aspekte der Existenz werden von den vier kardinalen Punkten des Sonnenjahres dargestellt, das heißt von den zwei Sonnenwenden und den zwei Tagundnachtgleichen. Die Tagundnachtgleichen geben uns die Möglichkeit, den *yogischen* Zustand zu erfahren, in dem Geist und Materie ausgeglichen sind. Die Sommersonnenwende ermöglicht die Erfahrung des hellsten Lichts, und durch die Wintersonnenwende können wir Tod und Auferstehung erleben. Es ist interessant, das Spiel von Geist und Materie innerhalb eines Sonnenjahres zu beobachten. Wenn der Geist dominiert, nimmt das Licht zu, und wenn die Materie dominiert, nimmt das Licht ab. Von der Wintersonnenwende bis zur Sommersonnenwende dominiert der Geist, so dass das Licht jeden Tag stärker wird. Diesen Zeitraum nennt man den „göttlichen Bogen". Er reicht vom Steinbock bis zum Krebs. Mit dem Krebs nimmt die Materie wieder zu. Sie verhüllt den Geist, so dass das Licht abnimmt, bis es scheinbar ganz verdunkelt ist. Diesen Teil des Sonnenjahres, der vom Krebs bis zum Steinbock reicht, nennt man den „königlichen Bogen". Alle Wesen durchlaufen diese zwei Bögen des Kreises und erleben dabei Licht und Dunkelheit. In diesem zyklischen Spiel von Geist und Materie, von Licht und Dunkelheit, gibt es zwei Zeitpunkte, an denen Geist und Materie ausgeglichen sind. Das sind die Zeiten, wenn die Sonne scheinbar den Äquator überquert, und die entsprechenden Tage werden die Tagundnachtgleichen genannt. An diesen Tagen überwiegt weder der Geist noch die Materie. In beseligender Weise erfährt man das reine Bewusstsein. Die vier Festtage an den kardinalen Punkten ermöglichen uns, die vier Aspekte des Lichts zu erfahren.

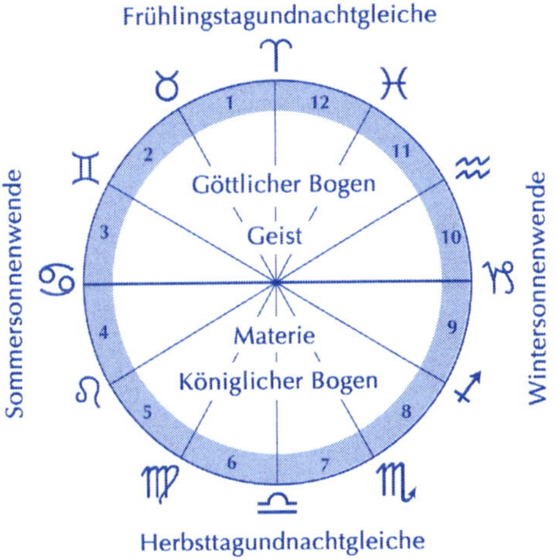

Im Menschen kann man das Zusammenspiel von Geist und Materie mit der scheinbaren Aufwärts- und Abwärtsbewegung der Sonne verbinden, dadurch die Aspekte des Lichts, den Tod und die Auferstehung sowie den ewig ausgeglichenen Zustand eines *Yogîs* erfahren.

Stets verbinden sich die Wissenden mit den vier kardinalen Tagen des Sonnenjahres und sie leiten alle, die ihnen folgen, dazu an, sich unbedingt nach den Tagundnachtgleichen und Sonnenwenden zu richten. Die Tagundnachtgleichen und Sonnenwenden bilden die vier kardinalen Punkte im Jahr. Sie teilen das Jahr in vier Viertel von jeweils 90 Tagen und ein oder zwei Übergangstagen.

In jüngster Zeit hob Meister CVV, der Wassermann-Meister, durch entsprechende Ausrichtungen und Meditationen erneut die Rituale der vier Festtage hervor. Für die Schüler des Lichts ist es erforderlich, sich durch Meditation über das Sonnenlicht in den entsprechenden Zentren auf die Sonnenwenden und Tagundnachtgleichen einzustellen.

4. Die Pyramiden

Im Altertum baute man Sonnentempel und Pyramiden, um sich auf den scheinbaren Lauf der Sonne und die vier Festtage auszurichten. Die Menschen des Altertums beobachteten den nördlichsten Punkt, von dem aus die Sonne im Monat Krebs zurückwandert, und sie markierten diesen Punkt auf der Erde. Genauso beobachteten sie den südlichsten Punkt und markierten auch diesen Punkt. Mithilfe dieser zwei Punkte im Krebs und Steinbock, die die Strahlen der Morgensonne anzeigten, wurde ein Quadrat gezeichnet, und darauf wurde eine Pyramide mit 90 Stufen errichtet. Auf dieser Pyramide berührten die Sonnenstrahlen am Tag der Sommersonnenwende den entsprechenden Eckpunkt und in der Abenddämmerung den diagonal gegenüberliegenden Eckpunkt. Genauso wurden während der Wintersonnenwende die anderen beiden diagonal gegenüberliegenden Eckpunkte von den Sonnenstrahlen berührt. Während der Tagundnachtgleichen wurde in der Morgendämmerung der östliche Treppenaufgang beleuchtet, und in der Abenddämmerung wurde der westliche Treppenaufgang beleuchtet. Der Aufgang mit den 90 Stufen auf der Pyramide, der an jenen vier Festtagen beleuchtet wurde, sah wie eine leuchtende Schlange aus. Während der Morgen- und Abenddämmerung wurde sie eine Zeitlang sichtbar, und solange sie zu sehen war, verehrte man sie.

Auf der Spitze der Pyramide wurden Tag und Nacht Rituale durchgeführt. An jenen vier Festtagen kamen zahlreiche Pilger zu den Pyramiden, um die Besonderheit jedes jeweiligen kardinalen Tages zu erleben und in sich aufzunehmen. Die

Pilger besuchten den Tempel viermal im Jahr, um die Wirkung der Eigenschaften aller vier kardinalen Tage in ihrem Inneren zu verankern. In jedem Jahresviertel von 90 Tagen integrierten sie die Natur und die Besonderheit des entsprechenden Tierkreiszeichens in ihren Tagesablauf. In den Vormittagsstunden stiegen sie die Pyramide auf der Ostseite hoch, und auf der Westseite stiegen sie hinab. In den Nachmittagsstunden bestiegen sie die Pyramide auf der Westseite und kamen auf der Ostseite herunter. Zur Durchführung spezieller Rituale in Zusammenhang mit Tod und Unsterblichkeit stiegen sie die Stufen auf der Südseite empor. Der Weg, der zu den Pyramiden führte, verlief von Süden nach Norden, und man nannte ihn den „Weg von Tod und Unsterblichkeit".

Auf der rechten Seite dieses Weges standen kleinere Pyramiden, die der Venus, dem Merkur und dem Mond geweiht waren. Venus galt als Lehrer von Tod und Unsterblichkeit. Mehrere Pyramiden-Gruppen bildeten eine Pyramidenstadt. Um die Pyramiden entwickelten sich Glanz und Herrlichkeit des Lebens. Sogar heute noch findet man solche Pyramiden in Mexiko und in El Tajin in Kolumbien, die den Besucher an das Wissen der Vergangenheit erinnern. Pyramiden gab es nicht nur in Süd-Amerika, sondern auch in anderen Teilen der Erde. Heute spricht man meistens von den Pyramiden in Ägypten und Mexiko. Doch Pyramiden gab es überall, wo das Wissen vom Sonnenjahr und von der Sonne bekannt war. Das heißt, auch in Europa gab es Pyramiden, von deren Existenz man jedoch noch nichts weiß.

Verschiedene Einweihungen mit unterschiedlichen Ritualen wurden in oder auf den Pyramiden durchgeführt.

Jeder Pyramide liegt das Prinzip des kardinalen Kreuzes, des rechten Winkels von 90°, der Zahlenpotenz 7, die zur Sonne gehört und der Zahlenpotenz 13, die zum Mond gehört, zugrunde. In der Maya-Kultur kannte und achtete man neben dem Sonnen-Jahr auch das Venus-Jahr. Die Ritualisten nutzten das Venus-Jahr, um die Geheimnisse des Todes zu entüllen. Alle Rituale, die mit der Venus verbunden waren, hingen mit der Schlüsselzahl 18 zusammen.

Viele Geheimnisse der Sonnentempel und Pyramiden gingen verloren, als der Mensch von der Sonnenverehrung abwich und sich geringeren Formen der Verehrung zuwandte.

Der Mensch selbst stellt ebenfalls eine Pyramide dar. Die vier kardinalen Punkte befinden sich im:

- *Sahasrâra* (Kopfzentrum),
- *Âjnâ* (Brauenzentrum),
- *Anâhata* (Herzzentrum) und
- *Mûlâdhâra* (Basiszentrum).

Diese vier Zentren kann man auf die vier Richtungen beziehen:

- das *Sahasrâra* auf den Norden,
- das *Âjnâ* auf den Osten,
- das *Anâhata* auf den Süden und
- das *Mûlâdhâra* auf den Westen.

Mithilfe der astrologischen Wissenschaft kann man den Lauf der Sonne in einem Sonnenjahr innerhalb der *Sushumnâ*-Säule vom *Sahasrâra* zum *Mûlâdhâra* verfolgen.

Den ganzen menschlichen Körper mit den zwölf Sonnenzeichen kann man als Sonnentempel betrachten, in dem sich die Sonnenenergie entsprechend dem Bewusstsein der betreffenden Person aufwärts und abwärts bewegt.

Wenn sich der Mensch auf die Sonne ausrichtet und seine Aktivität auf die Sonnenaktivität abstimmt, wandelt er sich in einen Sonnengott auf Erden um. Dann erkennt er, dass er sich in Wahrheit nicht von der Sonne unterscheidet. Im Altertum stand die Sonnenverehrung an erster Stelle, und die Verehrung diente dazu, sich auf die Sonne auszurichten. Durch diese Ausrichtung wird man direkt erleuchtet, denn Wille, Liebe und Licht bringen sich aufgrund dieser Anordnung optimal zum Ausdruck.

Doch die Weisheit der Pyramiden ist nicht unser eigentliches Thema. Es müsste in einer eigenen Vortragsreihe behandelt werden. Da aber die Pyramiden mit der scheinbaren Bewegung der Sonne untrennbar verbunden sind, ist es unvermeidlich, die Aufmerksamkeit der Leser auf die Bedeutung der Pyramiden zu richten.

5 Sonnenverehrung

Göttlicher Wille, göttliche Liebe und göttliche Aktivität sind die drei Qualitäten der Sonnenenergie. Durch die Verehrung der Sonne können wir uns mit diesen drei Qualitäten auffüllen, und soweit wir die drei Qualitäten in uns aufnehmen, sind wir in der Lage zu arbeiten und zur Erfüllung zu finden.

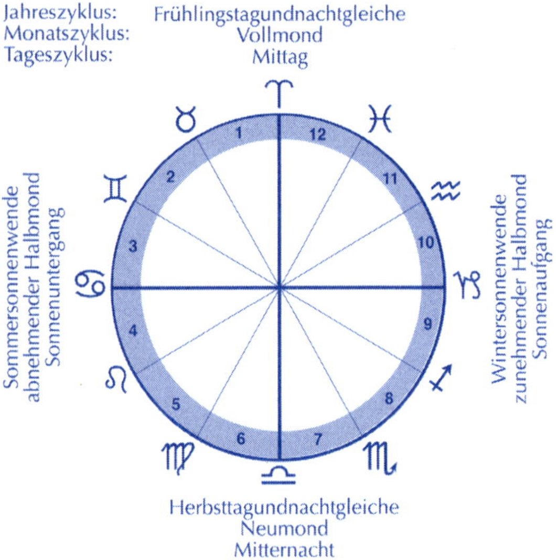

Die Morgen- und Abenddämmerung, die Mittagszeit und die Zeit um Mitternacht erkannte man als empfehlenswerte Zeitpunkte für die Verehrung, da sie die vier kardinalen Punkte des Tages bilden. Im Ablauf eines Monats gelten

Neumond, Vollmond sowie die zunehmende und abnehmende achte Mondphase ebenfalls als günstig. Sie lassen sich den Tagundnachtgleichen und den Sonnenwenden zuordnen. Die Sonnenenergie ist die Seelenenergie. Soweit die individuelle Seele über die Sonne von der universalen Seele gestärkt wird, erfüllt sie mithilfe der Persönlichkeit ihren Plan auf der Erde.

Durch die Gebete wird die Persönlichkeit mit Seelenenergie durchdrungen, so dass es zu einer wünschenswerten Zusammenarbeit und Koordination zwischen der Seele und der Persönlichkeit eines Menschen kommt. Tatsächlich sind die Schwierigkeiten und das Unvermögen eines Schülers, jeden Tag zu den gewünschten Zeiten die Verehrung durchzuführen, auf eine nicht-kooperative Persönlichkeit zurückzuführen. Wenn wir die Gebete ohne Abstimmung auf diese kardinalen Punkte des Tages durchführen, können wir nicht genügend Licht im Inneren aufnehmen. Denn ohne Einstellung des Empfängers auf den Sender kann nichts empfangen werden. Aus diesem Grund empfinden viele Schüler ihre Gebete als wirkungslos. Doch wenn die Gebete die höchste Priorität im Leben bekommen und

Erleuchtung zum wichtigsten Verlangen wird, dann erhalten die Zeiten der Dämmerung, der Meridian und sogar der Nadir (die Zeit um Mitternacht) im Leben eines Schülers höchste Bedeutung.

Weil wir normalerweise nicht auf diese Zeitpunkte ausgerichtet sind, stimmen auch unsere Gedanken, die wir bekommen, nicht mit dem Plan überein. Und wenn die Gedanken nicht stimmig sind, trifft dies auch für unsere Worte und Handlungen zu. Verdrehungen und Entstellungen, die dadurch auftreten, lassen uns vom Licht abweichen und führen uns in ein schicksalhaftes Leben. Unaufhörlich spinnen wir uns in unser *Karma* ein und vermehren es, bis wir lernen, uns mithilfe von Führern und Lehrern erneut auf die Seele auszurichten.

Alle okkulten Übungen sind für die Entwicklung der Seele gedacht, aber solange die Persönlichkeit über die Seele herrscht, wird die Entwicklung unterbrochen.

Die spiralige Bewegung wird auf eine Kreisbewegung reduziert, und dadurch wird die Seele eingesperrt. Verehrung gilt immer als Mittel, um die Seele zu stärken, damit sie nach und nach die Herrschaft über die Persönlichkeit gewinnt.

Intensive Verehrung ist für die Menschen das Gebot der Stunde, um weiterzukommen. Denn Verehrung ermöglicht uns, edle Gedanken zu empfangen und an Dienst für das Leben ringsum zu denken. Tatkräftige Umsetzung solcher Gedanken wandelt unsere Persönlichkeit um. Die direkte Auswirkung der Verehrung können wir daran erkenn, dass sich unsere Worte und Taten spürbar verbessern.

Verehrung der Sonnenenergie (die Seelenenergie) ist zugleich auch Verehrung des kosmischen Willens, der kosmischen Liebe, des kosmischen Wissens und der kosmischen Aktivität. Durch die Verehrung kommt es zur entsprechenden Ausrichtung auf die Sonnenenergie, so dass ein Zustrom von Wille, Liebe und Licht zu uns fließt. Die Menschen des Altertums kannten die Zeiten für die Verehrung und auch den Klang, die Farbe und den Zahlenschlüssel der Sonne.

6. Das Hervorkommen der Sonne

Jeder von uns sagt: Ich oder Ich bin, wenn er sich selbst meint. Der Name des Selbst ist ICH

Bin. Es hat keinen anderen Namen. Wenn wir einen Namen dazusetzen, ist das nur ein irdisches Hilfsmittel, z. B.: „Ich bin Kumar." Dies ist ein Hilfsmittel, aber die Wahrheit ist Ich Bin. Wenn ich sage: „Er ist Jesus Diaz", dann ist dieser Name ein Hilfsmittel, um die betreffende Person zu bezeichnen, aber sein wirklicher Name ist ebenfalls Ich Bin.

So ist es mit jeder Bewusstseinsform. Ich Bin existiert mit verschiedenen Namen und Formen. Wir hören Namen und sehen die Formen, aber wir vergessen die Grundlage dieser Namen und Formen. „Sie heißt Maria", sagen wir, doch in Wirklichkeit, formte sich Ich Bin zu einer weiblichen Person, die Maria genannt wird. Gleiches gilt für Tiere, Pflanzen und Mineralien.

Ich Bin ist von Wille, Wissen und Aktivität umgeben. Aus diesen drei Qualitäten kommen die fünf Sinne, die fünf Sinneswahrnehmungen, die fünf Elemente und der fünffältige Körper hervor. All diese Schichten bilden sich auf dem Hintergrund des Ich Bin. Daher ist es normal, dass der Hintergrund nicht mehr zu sehen ist und die Schichten hervortreten. Betrachtet beispielsweise ein Damentaschentuch. Es hat eine bestimmte Form mit farbenprächtigen Mustern und ist von einer Spitzenborte umgeben. Wir werden mehr von den Stickarbeiten, von den farbenprächtigen Mustern angezogen und sehen nur das Taschentuch und nicht das Stück Tuch. Die Grundlage des Tuches, die Baumwolle, vergessen wir vollständig. Ursprünglich entstand das Taschentuch aus der Baumwolle, und alles Weitere baute darauf auf. Ähnlich ist es beim Menschen. Der Mensch ist Bewusstsein, und dieses Bewusstsein geht in die achtfältige Natur ein. Drei Qualitäten (*Gunas*) und fünf Elemente bilden die achtfältige Natur.

Alle Formen bilden sich aufgrund der Veränderungen und Varianten, die die Natur hervorbringt, und dann bekommt jede Form einen Namen. Da wir in der Welt der Namen und Formen leben, vergessen wir das Ursprüngliche und leben mit der Ersatzwahrheit.

Beispielsweise sagen wir Inder, dass wir am Golf von Bengalen leben. Die Europäer sagen, dass sie am Mittelmeer, am Atlantik bzw. an der Nordsee leben. Durch die Namen, die wir geben, erkennen wir viele Meere. Aber eigentlich gibt es nur ein Meer auf unserer Erde. In unseren Köpfen gibt es jedoch viele Meere, weil wir so viele Namen geben. Das Meer ist überall das Meer. Es gibt keine Abgrenzungen auf dem Wasser. Wir können zwischen dem Pazifik, dem Indischen Ozean, dem Atlantik und anderen Meeren keine Trennungslinien ziehen. Diese Abgrenzungen sind nur ein Hilfsmittel. Im Meereswasser existieren sie nicht. So ist auch die Form eine grandiose Illusion, die den Einen in viele unterteilt. Während wir den Formen Namen geben, werden wir in weiteren Ersatzwahrheiten eingefangen und eingeschlossen.

In dieser Gruppe sehen wir Teilnehmer aus Argentinien, Spanien, Belgien, Deutschland, Österreich, Dänemark, Schweiz und Indien, und wir sagen, dass es eine internationale Gruppe ist, ein Zusammentreffen vieler Nationalitäten. Doch dahinter gibt es eine Gemeinsamkeit. Wir sind eine Gruppe von Menschen. Eine okkulte Art der Betrachtung ist, zuerst den Menschen, dann das Geschlecht und erst später die Nationalitäten zu sehen. Wenn wir sehen können, was wir alle gemeinsam haben, dann sehen wir das pulsierende Bewusstsein. Es ist das Selbst. Dies ist die einzige Gemeinsamkeit.

Denn das Spiel der Qualitäten ist in jedem anders. Auch die Wahrnehmungen des Denkens und der Sinne sind unterschiedlich. Unsere Neigungen sind verschieden, unsere Gestalten sind verschieden. Es sind viele und alle sind sehr unterschiedlich. Wenn wir in dieser Vielfalt wahrnehmen, was allen gemeinsam ist, können wir der Wahrheit des Selbst näherkommen.

Das Selbst ist eine pulsierende Bewusstseinseinheit. Dies ist die Gemeinsamkeit, in der wir das Selbst, das Ich-Bin-Bewusstsein finden. Bildlich kann man es so darstellen:

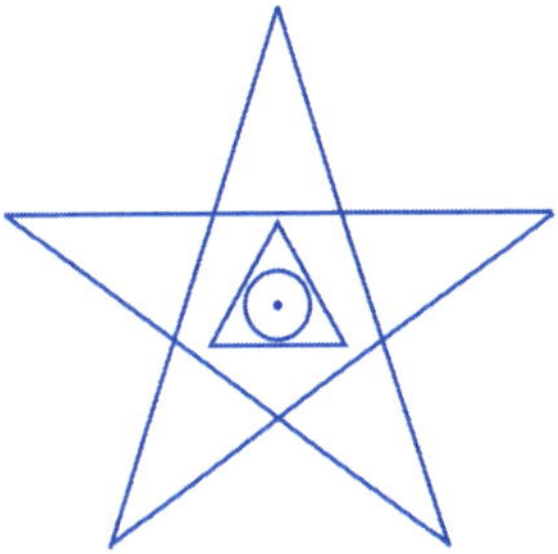

Die Seele wird von dem Kreis mit dem Mittelpunkt dargestellt. Sie breitet sich in die drei Qualitäten und in die Form aus, die die fünf Sinne, Sinnesorgane, Sinneswahrnehmungen,

Elemente und Pulsierungen enthält. Die Seele ist das Neunte. Sie ist von acht Schichten umgeben: fünf Abstufungen der Materie und drei Qualitäten. Wer die Seele hinter den Schichten der Natur erblickt, sieht die Sonne in dem anderen. Wenn wir nach innen schauen und dabei die acht Schichten der Natur überwinden, sehen wir die Sonne im Inneren. Durch innere Kontemplation und äußeres Schauen können wir erkennen, dass sich die Sonne und das Selbst nicht voneinander unterscheiden.

Wenn wir etwas über die Sonne erfahren, dann erfahren wir etwas über unsere essentielle Grundlage: das Selbst. Das Selbst ist eine Projektion aus dem Absoluten, dem *Brahman*. Stufenweise geht es nacheinander vom *Brahman* zur Sonne, vom Selbst zur Persönlichkeit und von der Persönlichkeit zur Form. Vereinfacht gesagt, der Weg der Rückkehr besteht darin, sich selbst von der eigenen Persönlichkeitsprojektion bis zum eigentlichen Ursprung zurückzuverfolgen. Dieser Rückweg wird auch der Weg zum Licht bzw. zur Wahrheit genannt.

Aus einem Licht bzw. einem Bewusstsein wurden wir als viele Einheiten hervorgebracht.

Genauso ist es bei der Sonne. Auch sie wurde zum Vorschein gebracht. Das wahre Bewusstsein, aus dem die Sonne hervortrat, ist die Grundlage, aus der auch wir hervorgetreten sind, obwohl wir durch die Sonne kamen. Der Ursprung von allem, was ist, ist das reine Bewusstsein, und dieses reine Bewusstsein ist aus der reinen Existenz hervorgekommen, die wir den absoluten Gott oder *Parabrahman* nennen.

Der absolute Gott ist unaussprechlich, undefinierbar, unbeschreiblich und nicht zu erfassen. Nichts kann über ihn gesagt werden. Aus ihm kommt ein Impuls hervor. Durch die Zeit drückt sich der Impuls auf den Existenzstufen als Bewusstsein aus. Dieses Bewusstsein wird „das Licht" genannt.

Im Laufe zahlreicher Prozesse kommt das Licht vom Absoluten hervor. Doch das ist ein eigenes Thema. Von den Meistern der Weisheit wissen wir, dass jenem Licht, das wir das Licht des Bewusstseins nennen, 13 Schritte vorausgehen. Dieses Licht des Bewusstseins sollten wir nicht schon für das Sonnenlicht halten. Vom universalen Licht zum Sonnenlicht gibt es weitere Abstufungen.

Es reicht zu sagen, dass das Bewusstsein aus dem Absoluten entstanden ist, und aus diesem Bewusstsein entwickeln sich stufenweise die kosmischen, solaren und planetarischen Systeme.

Davon spricht Madame H. P. Blavatsky in der Geheimlehre mit den Worten: „Das Zweite entspringt aus dem Ersten und entwickelt das Dritte." Mit dem Ersten ist die absolute Existenz gemeint, mit dem Zweiten das Hervortreten des Bewusstseins und mit dem Dritten die Entwicklung der Schöpfung. Sie ist das Werk des reinen Bewusstseins. Die Schöpfung ist nichts anderes als der Ausdruck dieses Bewusstseins, und das Bewusstsein als solches ist ein Ausdruck des Absoluten. Das Bewusstsein entspringt durch den Ausdruck. Es ist ein Impuls, der in den Schriften „Das Wort" genannt wird. Aufgrund dieses Impulses tritt das Bewusstsein hervor, und aus ihm entwickelt sich die Schöpfung in aufeinanderfolgenden Abstufungen.

In der Bibel heißt es: „Im Anfang war ‚Das Wort', ‚Das Wort' war bei Gott und Gott war ‚Das Wort'." In den heiligen Schriften des Ostens heißt „Das Wort" *Pranava*, der Impuls, der aus dem Absoluten auftaucht.

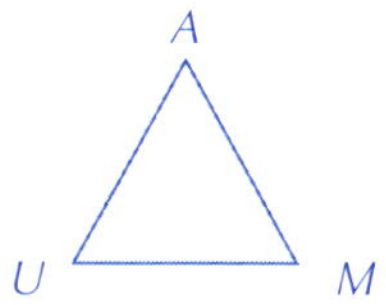

Wer „Das Wort“ und sein Werk versteht, der versteht auch den Schöpfungsvorgang, die schöpferische Kontinuität und ihre Beendigung.

Diese drei Teile des „Wortes“ werden von den Sehern *A U M* genannt.

Die drei Buchstaben in diesem Wort stellen den Anfang, den Fortbestand und die Beendigung dar. Somit wird *AUM* in den *Veden* als „Das Wort“ betrachtet.

Außerdem sagen die Seher, dass *AUM* noch nicht beendet ist. Es hat begonnen und dauert an. Daher sind zwei Teile des „Wortes“ aktiv, aber der dritte Teil nicht. Wenn *AUM* zu Ende geht, kehrt die Schöpfung in die Quelle zurück, aus der sie gekommen ist.

Die Sonne, die wir kennen, ist somit ein hervorgebrachtes, erleuchtetes Wesen. Sie wurde vom solaren Zentrum hervorgebracht.

Die Weisheit sagt, dass zwölf Sonnensysteme aus einem Sonnenzentrum hervorkommen. Das

Sonnenzentrum ist die zentrale Sonne *Savitru*, und die Sonne, die wir kennen, ist das Mitglied in einer Gruppe von zwölf Sonnen.

Unsere Sonne heißt *Sûrya*. In den *Veden* wird sie *Vivaswata* genannt. *Vivaswata* bedeutet „der Weber“. Die Sonne webt das Sonnensystem mit sieben Planeten und bildet selbst das Zentrum des Systems. Es ist seine Familie. Innerhalb des Sonnensystems gibt es viele weitere kleinere Planetenkörper.

Meister *Djwhal Khul* sagt, dass es in unserem Sonnensystem 72 kleinere und größere Mitglieder gibt, von denen hauptsächlich sieben gezählt werden. Die Sonne webte sie mithilfe des Bewusstseins, das ihr übermittelt wird und aus dem sie in Wahrheit besteht.

Wenn wir von unserer Sonne sprechen, dann sprechen wir von unserem Vater, denn die Sonne ist der Vater unseres Systems. Sie ist wiederum durch ihren Vater hervorgekommen, den wir *Savitru* nennen, das solare Zentrum. Und *Savitru* entwickelte sich aus seinem Vater, der von dem kosmischen Zentrum *Bhargo Deva* dargestellt wird, und dieses kosmische Zentrum ist die Geburt eines Zentrums im kosmischen Bewusstsein.

Das kosmische Bewusstsein ist der Ursprung vieler solcher Zentren. Daher sagen die *Veden*, dass es unzählig viele Schöpfungen im Raum des kosmischen Bewusstseins geben kann.

Die Kette des solaren Abstiegs sieht also folgendermaßen aus:

- Es gibt den absoluten, passiven Zustand, aus dem ein Impuls entspringt. Aus diesem Impuls entsteht das kosmische Bewusstsein. Es ist ein dynamischer Raum auf dem Hintergrund des passiven Raums.
- Aus dem kosmischen Bewusstsein kommt ein Zentrum hervor, das kosmische Zentrum. Es entwickelt zwölf Zentren, die zwölf zentrale Sonnen bilden.
- Jede zentrale Sonne entwickelt zwölf Sonnensysteme. Daher sprechen alle heiligen Schriften von 144 Sonnensystemen unter einem kosmischen Sonnenzentrum.
- Unsere Sonne ist nur ein Zentrum in einem Sonnensystem. Wir sind Wesen, die sie auf der Erde hervorgebracht hat.

Somit gibt es eine vierfältige Existenz:

1. kosmisches Bewusstsein,

2. kosmisches Sonnenzentrum,
3. solares Sonnenzentrum,
4. planetarisches Sonnenzentrum.

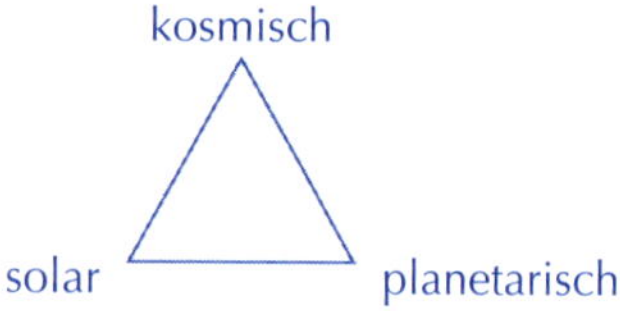

Dieses Dreieck hat als Hintergrund das weiße Papier. Wir sollten es uns als das kosmische Bewusstsein vorstellen, das der Hintergrund ist. Allgemein kennt man es als Hintergrundbewusstsein.

In den *Veden* heißt es: „Was wir wissen und was wir sehen, ist der Urenkel." Der Urenkel empfängt das dreifache Licht von seinem Vater *Savitru*, dem solaren Zentrum. *Savitru* empfing das Licht von seinem Vater *Bhargo Deva* bzw. *Âditya*, dem kosmischen Zentrum bzw. der kosmischen Sonne. Und *Âditya* empfing das Licht von seinem Vater, das heißt vom kosmischen Bewusstsein *Aditi*. Diese vierfache Ausdrucksform wird in den *Veden* mit den Worten formuliert: „Er bekam es von seinem Vater, der bekam es von seinem Vater, und der bekam es von seinem Vater."

Im vierten Stadium haben wir dann die sichtbare Sonne. Die drei anderen sind unsichtbar. Aber wenn wir unsere Sonne und die Kette ihres solaren Aufstiegs verstehen, dann erfassen wir auch die drei unsichtbaren Sonnen. Da wir eine Nachbildung der Sonne sind, haben wir auch in uns drei unsichtbare Sonnen.

7. Die Natur der Sonne

Die Geburt einer Sonne ist die Geburt eines Zentrums. Unser tägliches Erwachen gleicht der Geburt eines Zentrums. Woher sind wir erwacht? Wie aus dem Nichts erwachen wir. Niemand kann sagen, woher er erwacht ist. Es ist ein Erwachen aus dem Hintergrund, der uns unbekannt ist. Während wir erwachen, arbeitet der Hintergrund durch unser Erwachen. Über den Hintergrund unseres Erwachens zu meditieren, ist wahre Meditation. Wir brauchen viele Jahre, um zu erkennen, dass wir geweckt werden.

Wir werden geweckt. Wir sind nicht selbst wach geworden. Das Erwachen geschieht und setzt den Willen, das Wissen und die Aktivität in

Gang, und wir (das Selbst) sind das Zentrum. Es gibt also das Hintergrundbewusstsein, ein Erwachen und die dreifache Tätigkeit des Willens, des Wissens und der Aktivität, bis wir wieder in den Hintergrund abgleiten. Auf dem Ich Bin als Zentrum lenkt die dreifache Tätigkeit sich selbst. Als Ich-Bin-Einheit wird jeder von uns von den drei Kräften des Bewusstseins geführt. Trotzdem lebt jeder in der Illusion, dass er die Tätigkeit selbst in der Hand hat. Wir nehmen kaum wahr, dass sie durch uns ausgeführt wird.

Ähnlich ist die Situation bei der Sonne. Die Sonne ist das Zentrum, durch das der Schöpfungsplan sich selbst ausführt. Denn die Sonne ist ein Lebewesen wie wir, und die Lebewesen sollten nicht glauben, dass sie die Handelnden wären.

Sogar bevor wir ins Sein kamen, gab es schon das Hintergrundbewusstsein mit seiner dreifachen Natur. Solange die Menschen dies verstehen und neutral bleiben, können sie den Plan erfahren und sich sogar an ihm freuen. Die Wissenden bleiben neutral und beobachten, wie der Plan durch sie und durch ihre Umgebung ausgeführt wird. Sie preisen die Schönheit und die Feinheiten des Plans.

Die Fähigkeit zu beobachten ist der grundlegende Schritt zum Wissen. Wir sollten unbedingt Beobachter sein, die den Aktivitäten in uns und um uns zuschauen. Denn die Fähigkeit „zu sein", im Sein zu verweilen, ermöglicht uns, die Tätigkeit des Hintergrundbewusstseins zu erleben.

Wer in die Illusion des Tuns fällt, verliert die Fähigkeit zuschauen und beobachten zu können. Die Menschen sind „Seiende", und sie sollten lernen zu sein. Auf keinen Fall sollten sie sich in der Illusion des Tuns verlieren. *Yoga* auszuüben bedeutet zu sein, zu beobachten und zu erfahren, während wir in unsere Arbeit vertieft sind.

Alle Tätigkeiten geschehen durch uns. Das Wissen, dass alles geschieht, sollten wir uns unbedingt aneignen, um uns von dem Rad der Handlungen und ihren Ergebnissen fernzuhalten. Wir sollten uns selbst dann vom Rad der Aktivitäten fernhalten, wenn diese durch uns geschehen. Das empfiehlt Lord *Krishna* in der BHAGAVAD GÎTÂ:

Karmani akarma yaha pašyed
Akarmani cha karma yaha
Sa buddhimân manushyeshu
Sa yuktaha krutsna karma krut

Das bedeutet: „Wer das Nicht-Handeln in der Handlung und die Handlung im Nicht-Handeln wahrnimmt, ist der Wissende. Er ist der *Yogî*, der den Plan ermöglicht."

Die Aktivität in der Sonne und in uns ist im Wesentlichen dreifach: Es ist der Wille, etwas zu tun, das Wissen und die Handlung. Diese dreifache Kraft fließt während der gesamten Lebensspanne einer Sonne und auch während unserer Lebensspanne. Wir können sie wahrnehmen, wenn wir erkennen, dass wir einfach ein Zentrum sind, durch das sich der Plan zum Ausdruck bringt. Uns sollte bewusst sein, dass wir als Selbst ein Zentrum sind, das dem Plan die Möglichkeit gibt, sich mit seiner dreifachen Kraft auszudrücken. Nach Meister CVV sind wir alle Zentren bzw. Medien, durch die sich der Plan zum Ausdruck bringen will. Soweit sich der Plan durch ein Zentrum (ein Selbst) ausdrückt, wird das Zentrum erfüllt. Daher ist es notwendig, dass wir auf das höhere Zentrum ausgerichtet bleiben und den Plan durch uns fließen lassen. Dies wird möglich, wenn wir bleiben, wo wir sind und wenn wir darauf eingestellt sind „zu sein".

Zusammen mit dem Zentrum entsteht zugleich sein Kreisumfang. Jegliche Aktivität breitet sich bis zu einem bestimmten Punkt aus. Jeder von uns hat seinen Aktivitäts- und Einflussbereich. Das Gleiche gilt für die Sonne. Sobald ein Zentrum da ist, gibt es auch seinen Kreisumfang. Das heißt, zu jedem Bewusstseinszentrum gehört sein Bereich bewusster Aktivität. Ein Dorfbewohner hat seinen Aktivitätsbereich, der sein Dorf beeinflusst, falls er der Bürgermeister ist. Genauso hat der Bürgermeister einer Stadt, ein Staatsoberhaupt oder ein Staatschef seinen Aktivitätsbereich, in dem er sich ausbreitet.

Eine Laus auf dem Kopf hat ihren Aktivitätsbereich, ein Mensch hat seinen Aktivitätsbereich, und auch die Planeten sind Wesen mit ihren eigenen Einflussbereichen. Genauso ist es bei der Sonne. Ihr Einflussbereich ist das Sonnensystem.

Jedes Wesen ist ein Zentrum mit einem Aktivitätsumkreis. „Jedes Wesen ist eine Lebensgeschichte, und sein Kreisumfang ist seine Mitteilung", sagt ein Meister. Jeder Bewusstseinspunkt hat seinen Kreisumfang. Symbolisch wird diese Erkenntnis von einem Zentrum mit Kreisumfang dargestellt.

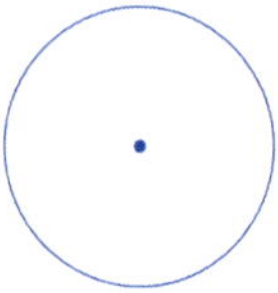

In der Wissenschaft der Astrologie wird der Sonne ein Zentrum, das von einem Kreisumfang umgeben ist, als Symbol zugeordnet. Genauso sieht das Symbol einer Bewusstseinseinheit aus. Im Okkultismus werden wir aufgefordert, regelmäßig über dieses Symbol zu meditieren. Es erinnert uns daran, dass jeder von uns eine Bewusstseinseinheit mit einem abgegrenzten Aktivitätsbereich ist und wir als Bewusstseinseinheiten nichts anderes als Projektionen aus dem Hintergrundbewusstsein sind.

Wenn wir das obige Symbol zeichnen, sehen wir normalerweise einen Kreisumfang mit einem Zentrum, obwohl das Symbol aus drei Teilen besteht. Das Zentrum und der Kreisumfang befinden sich auf dem Hintergrund. Im Allgemeinen wird der Hintergrund vergessen, und wir sehen nur das hervorgetretene Zentrum und seine Tätigkeit. Ohne eine Tafel oder ein Stück Papier als Hintergrund kann das Symbol nicht gezeichnet werden. Ohne die Aktivität des Hintergrundbewusstseins in uns könnten wir nicht von Zeit zu Zeit das Symbol zeichnen. Das Symbol tritt als Bewusstseinseinheit auf dem Hintergrund in Erscheinung, und es unterscheidet sich nicht von uns. Somit teilt uns das Sonnensymbol mit, dass die Sonne im Sonnensystem auf dem Hintergrund der zentralen Sonne erstrahlt und dass das Sonnensystem ihr Ring „Überschreite-mich-nicht" ist. Dieses Prinzip trifft auf ein Atom, eine Person, einen Planeten und auf alle Planeten-, Sonnen- und Kosmos-Systeme zu.

Der Weg, um sich mit dem Hintergrund zu verbinden, führt durch das Zentrum. Im *vedischen* Verständnis wird das Zentrum mehr als Öffnung und weniger als örtlich festgelegter Punkt betrachtet. Durch diese Öffnung kommt der Plan aus den höheren Kreisen herab und wird mithilfe der dreifältigen Kraft aktiv. Dies alles wird möglich, wenn das Zentrum nicht ins Schwanken gerät, sondern fest auf den Hintergrund ausgerichtet bleibt.

Die Sonne ist eine Projektion. Auch wir sind Projektionen des einen universalen Bewusstseins. Deshalb sollten wir täglich über jenes Hintergrundbewusstsein meditieren, aus dem wir als ein Selbst hervorkommen. Jedoch rutschen wir in unserer Meditation normalerweise in die Einzelheiten unserer Handlungen ab. Vor allem unsere Handlungen spielen eine maßgebliche Rolle in unserer Meditation. Sie verschlingen uns, und wir gehen in ihnen unter. Doch ohne Zentrum gibt es nicht die entsprechende Aktivität. Sie ist vom Zentrum abhängig, und das Zentrum ist vom Hintergrund abhängig. Deshalb sollten wir uns in der Meditation darin üben, uns durch unser eigenes Zentrum auf unseren Hintergrund auszurichten.

Der Name des Bewusstseinszentrums ist Ich Bin. Der Name des Hintergrunds ist Das. Der Hintergrund tritt als das Zentrum hervor, Das kommt als Ich Bin zum Vorschein. Daher besteht die Meditation darin, Ich Bin auf Das auszurichten und wahrzunehmen: Das Bin Ich. Das Bin Ich ist das Mittel zur Erkenntnis. In Wirklichkeit existiert Das als Ich Bin, und Das führt den Arbeitsplan durch Ich Bin aus.

8. Ausdruck und Ausdrückender

Unsere Sonne ist ein zum Ausdruck gebrachtes Wesen, und sie bringt wiederum das Sonnensystem zum Ausdruck.

Der Ausdruck, der von der Sonne erbracht wurde, steht über der Sonne. Denn der Ausdrückende bringt sein Medium hervor und erarbeitet weitere Neubildungen durch dieses Medium. Das sollte richtig verstanden werden. Ein Beispiel: Durch seinen Unterricht bildet ein Lehrer einen Schüler aus und arbeitet später durch den Schüler. Oder ein Vater bildet seinen Sohn mit liebevoller Sorgfalt aus und arbeitet später durch den Sohn. Der Plan bildet seine nachfolgenden Zentren aus und bringt sich selbst zum Ausdruck. Ein Baum bildet seinen eigenen Samen aus und lebt dadurch weiter. In ähnlicher Form bildet das universale Bewusstsein aufeinanderfolgende Zentren und vollendet einen umfassenden, großartigen Plan, um die Wesen zu erfüllen, die die verschiedenen Ebenen durchschreiten.

DAS bildet ICH BIN heraus und bringt sich durch ICH BIN zum Ausdruck. In den *Veden* wird DAS als *Brahman* und ICH BIN als *Âtman* bezeichnet. Die Begriffe *Brahman* und *Âtman* sollten wir ganz klar verstehen. Sogar von Gelehrten werden sie unpräzise verwendet. Der Ausdruck und der Ausdrückende sind notwendig, damit der Ausdruck weiterfließen kann.

Das Wort braucht einen Träger, um hervorzuströmen. Dieses Mikrofon, das wir hier für den Vortrag benutzen, verstärkt meine Stimme, während die Stimme selbst durch meine Kehle ausgedrückt wird. Die Kehle bringt sie mithilfe der Ausatmung hervor, die Ausatmung beruht auf der Einatmung und der Atmung insgesamt, die Atmung beruht auf der Pulsierung, die Pulsierung beruht auf mir, dem ICH BIN, das ICH BIN wiederum beruht auf dem DAS. Alles kommt von dem DAS, alle anderen sind Träger oder Medien.

DAS arbeitet durch ICH BIN, und ICH BIN ist der sichtbare Tätige. So ist es auch mit der Sonne unseres Sonnensystems. Sie ist die sichtbar Aktive, aber sie hat ihre Grundlage in den höheren Prinzipien, die sie hervorgebracht haben. Wie bereits an früherer Stelle dargelegt, gehen der Sonne, die wir sehen, zwei Zentren voraus: die zentrale und die kosmische Sonne.

In den *Veden* werden diese drei Sonnen *Âditya, Savitru* und *Sûrya* genannt. In der chaldäischen und assyrischen Theologie heißen sie *OM, SOL* und *AN*. Diese drei Namen wurden später durcheinander gebracht, so dass das Wort *SOL OM AN* entstand. *SOL OM AN* ist ein mythischer Ausdruck, der die dreifache Sonne bezeichnet. In seiner Bedeutung unterscheidet er sich nicht vom arabischen Sulayman.

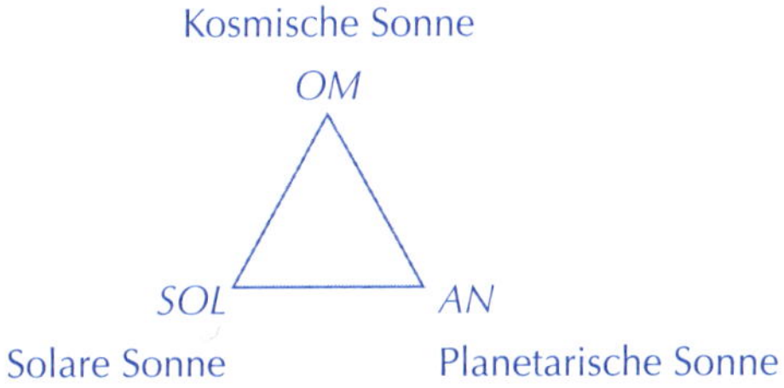

Im Menschen gibt es drei Zentren, die mit den drei Sonnen verbunden sind: das Herz, das *Âjnâ* und das *Sahasrâra*. Wenn diese Zentren aufeinander ausgerichtet sind, heißt es, dass die betreffende Person den Tempel Salomos in ihrem Inneren aufgebaut hat. Wenn der Tempel Salomos errichtet ist, kann der göttliche Plan auf Erden gelingen. Der zum Ausdruck Bringende, der jenseits von allem ist, drückt sich durch die drei Sonnen aus. Eine andere Bezeichnung für diesen Ausdruck ist „Das Wort" oder Gott. Daher sagt man: „Das Wort war Gott, und es wird durch die kosmischen, solaren und planetarischen Systeme zum Ausdruck gebracht."

Wenn jemand etwas ausdrückt, ist es notwendig, das zu beobachten, was sich selbst zum Ausdruck bringt. Der Ausdrückende ist nur ein Instrument, durch das der Ausdruck geschieht. Sogar der Schöpfer bringt etwas zum Ausdruck, aber in Wirklichkeit bringt der Ausdruck den Schöpfer hervor, und durch den Schöpfer drückt sich der Ausdrückende erneut aus. Der Ausdruck bringt den Ausdrückenden hervor und breitet sich weiter aus, indem er alles durchdringt. So ist es beim Schöpfer und so ist es auch bei uns und bei jeder anderen Bewusstseinseinheit.

Die Seher des Altertums kontemplierten über jenen Hintergrund, aus dem alles hervorkommt. Sie versuchten herauszufinden, was dieser Hintergrund sein könnte. Mithilfe ihres lokalisierten Bewusstseins versuchten sie zum Ursprung ihres Bewusstseins zu gelangen. Als sie dem Ursprung näher kamen, hörte ihr lokalisiertes Bewusstsein auf zu existieren. Es ist genauso, als würde eine Welle versuchen, das Meer kennenzulernen. Wenn sie sich dem Meer nähert, geht sie darin auf. Wenn das lokalisierte Bewusstsein im ozeanischen Bewusstsein aufgeht, hört es auf zu sein. Der Beobachtende hört auf zu sein und der Fragende hört auf zu sein. Daher stellte man fest, dass es unmöglich war zu erfahren, wie alles vor der eigenen bewussten Existenz war. Aus diesem Grund erklären alle heiligen Schriften der Welt durchweg, dass Es unaussprechlich, unvorstellbar, unbegreiflich und „Nichts" ist. Gleichzeitig ist es nicht nichts. Wäre es nichts, könnte nicht etwas aus ihm herauskommen. Deshalb sagt man: „Es ist das scheinbare Nichts."

Wer seinen Bereich berührt, hört auf zu existieren. Daher gilt der Schöpfer, der ein erschaffenes Wesen ist, als das zweite Stadium, während die Grundlage des Schöpfers und seiner Schöpfung als das erste und ursprüngliche Stadium betrachtet wird. Das ursprüngliche Stadium erhielt die Zahlenpotenz O. Sie zeigt einen Zustand an, der scheinbar nichts, aber in Wirklichkeit die Fülle ist. Im Sanskrit gibt es zwei verschiedene Begriffe für Nichts und Fülle.

Nichts wird *Sunyam* und Fülle wird *Pûrnam* genannt. Beide Begriffe werden durch O symbolisiert. Was aus O hervorkommt, erhält die Zahlenpotenz 1. Die Geschichte der Weisheit ist die Geschichte von O und 1, und es ist auch die Geschichte der 1O.

Wenn wir die Sonne anschauen, sehen wir die sichtbare Dimension des Unsichtbaren. Das Unsichtbare arbeitet durch das Sichtbare. Wenn wir daher etwas über die Sonne erfahren, dann erfahren wir das Unsichtbare durch das Sichtbare. Wir erleben das Unsichtbare durch das Sichtbare. Es ist schwer, das Unsichtbare direkt zu erfahren. Viel leichter ist es, das Unsichtbare durch das Sichtbare wahrzunehmen. Das Sichtbare ist ein Hilfsmittel, durch das das Unsichtbare erfahren werden kann.

Die Elektrizität ist unsichtbar. Wir erkennen sie durch die Klangverstärkung, Beleuchtung, Bewegung von Maschinen usw., aber wir können die Elektrizität nicht unmittelbar erleben. Wenn wir sie unmittelbar erfahren wollen, hören wir auf zu sein.

Es war einmal ein Dorfbewohner in Indien, der zum ersten Mal in eine Stadt kam. Dort sah er Lampen, die ohne Petroleum brannten. Er sah Ventilatoren, die sich von selbst drehten, er sah Fernsehgeräte mit laufenden Bildern darin, aus dem Radio hörte er Klänge und Gesänge. Das alles war für ihn wie ein Wunder. Er fragte seine Verwandten nach der Wissenschaft hinter jedem dieser elektrischen Geräte, und sie sagten: „Es ist die Elektrizität." Auf jede Frage, die er stellte, erhielt er als Antwort: „Das ist die Elektrizität." Und so wurde er ganz bezaubert von der Elektrizität. Dann fragte er einen Verwandten, in dessen Haus er sich aufhielt: „Was genau ist Elektrizität?" Der Verwandte sagte: „Sie ist überall, und sie ist nicht sichtbar. Wer sie erfahren möchte, geht ganz in ihr auf und hört auf zu sein." Der Dorfbewohner war begeistert, und er bestand darauf, wenigstens einen flüchtigen Eindruck von der Elektrizität zu bekommen. Da führte der Verwandte den Dorfbewohner zu einer Steckdose und sagte ihm, er solle zwei Finger in die beiden Löcher stecken. Der Dorfbewohner tat es und bekam einen Schock, so dass er eine Zeitlang ohne Bewusstsein war. Nach einer Weile kam er wieder zu sich und fragte, was mit ihm geschehen sei. Der Verwandte erzählte ihm, dass er die Elektrizität berührt hätte und deshalb eine Zeitlang aufgehört hatte zu sein. Der Dorfbewohner jubelte, weil er die unsichtbare Elektrizität durch eine sichtbare Steckdose erfahren hatte. Aber er versuchte nie, die Elektrizität ein zweites Mal unmittelbar zu erleben.

So ist es auch mit der Wahrheit. Wenn wir die Wahrheit berühren, ist es so, als würden wir ein elektrisches Kabel berühren. Wir kriegen genauso einen Schock, als würden wir einen Stromschlag bekommen. Für eine gewisse Zeit verlieren wir uns und kehren dann elektrisch aufgeladen zurück. Sofern wir uns der Wahrheit in angemessener und althergebrachter Form genähert haben und dies nicht nur ein ungestümes, neugieriges Experiment war, werden wir durch den Stromschlag nicht getötet. Wenn man Glück hat, sieht es so aus, dass man sich wieder erholt und den Eindruck der Wahrheit erfährt. Nach der Berührung der Wahrheit ist man nicht mehr derselbe.

Wir wollen nun die Stellvertreterwahrheit kennenlernen: die Sonne, die eine Darstellung des Ursprünglichen ist. Das Ursprüngliche wäre ein Schockerlebnis für uns. Der Stellvertreter ist eine Möglichkeit und ein Hilfsmittel, um das Ursprüngliche zu verstehen. Die Weisheit führt uns immer durch den Stellvertreter zum Ursprünglichen.

9. Die kosmische Sonne

Durch jedes Erwachen entsteht ein Zentrum mitsamt seinem Aktivitätsbereich. Vor dem Erwachen existiert nichts. Der Aktivitätsbereich ist kugelförmig und hat ein Zentrum. Ein Beispiel: Wenn in einem dunklen, offenen Platz eine kleine Lampe brennt, dann erhellt ihr Licht alles ringsum bis zu einer bestimmten Entfernung. Wie eine Kugel breiten sich die Lichtstrahlen von der Lampe aus. In diesem Lichtbereich kann es Aktivität geben. Bevor die Lampe eingeschaltet wurde, gab es nur den offenen, grenzenlosen Raum. Doch wenn die Lampe eingeschaltet ist, nimmt der umgebende Raum eine kugelförmige Gestalt an und wird aktiv.

Die Seher nahmen eine aktive Raumkugel innerhalb eines grenzenlosen, offenen Raums wahr. Diese Raumkugel wird in den Schriften

„das kosmische Ei“ genannt, und sie hat ein Zentrum. Das Zentrum ist die kosmische Sonne, und die Kugel um die kosmische Sonne ist die kosmische Raumkugel, das kosmische Ei bzw. der kosmische Aktivitätsbereich. Der kosmische Aktivitätsbereich, der die Form einer Kugel hat, ist die Mitteilung für das Gedächtnis der kosmischen Sonne. Die Aktivität der kosmischen Sonne durchdringt den gesamten Kosmos.

In ähnlicher Weise entstehen ein solares Zentrum und ein solares Ei innerhalb des Kosmos sowie ein planetarisches Zentrum und das planetarische Ei innerhalb der solaren Sphäre.

Kapitel 2

10. Form und Name

Die erschaffene Welt hat eine Form und einen Namen. Sie ist subtil und grobstofflich. Das Subtile unterteilt sich in das Kausale und Subtile. Es gibt eine kausale Welt mit diamantenem Licht, eine subtile Welt mit goldenem Licht und eine grobstoffliche Welt mit irdischem Licht. Alles Erschaffene hat eine Form und einen Namen. Zusammen mit der Schöpfung traten auch die Formen und Namen ins Dasein. Wenn keine Form da ist, kann es auch keinen Namen geben. Daher hat das Nicht-Manifestierte weder Form noch Name, aber um uns die Verständigung zu erleichtern, bezeichnen wir Menschen es als Gott. In den verschiedenen Sprachen und an verschiedenen Orten erhält diese unmanifestierte Energie unterschiedliche Namen. Wir Menschen hängen in der Vielfalt der Namen fest und haben die eigentliche Essenz aus den Augen verloren. Heute bleiben alle Theologen im Dschungel der Namen und Formen stecken.

Mit anderen Dingen ist es genauso. Beispielsweise wird das Wasser in den verschiedenen Sprachen und Ländern immer anders genannt. Im Hindi und Sanskrit nennen wir es „jal“, im Englischen heißt es „water“, im Deutschen heißt es „Wasser“, im Spanischen heißt es „agua“ usw. Jedes Mal hört es sich anders an, aber alle meinen das Wasser. Die Spanier sagen, es ist agua, aber kein Wasser. Die Deutschen sagen, es ist Wasser, die Inder sagen, es ist jal, und in unserer Muttersprache Telugu sagen wir, es ist niru. Jeder versucht dafür zu kämpfen, dass er die richtige Bezeichnung hat.

Genauso hat die eine Energie, die der Ursprung von allem ist, in verschiedenen Theologien verschiedene Namen bekommen. Wir kämpfen, weil wir den Namen, mit dem wir vertraut sind, durchsetzen wollen. Jene Energie wird in den *Veden* „Tat“ genannt, im Englischen ist sie That, im Deutschen ist sie Das, im Hebräischen ist sie El, und im Arabischen ist sie Allah. Jeder hat Besitzansprüche in Bezug auf den Namen, der ihm vertraut ist und lehnt jeden anderen Namen ab. Aber wir sollten wissen, dass alle auf dieselbe Essenz hinweisen, wenn auch mit verschiedenen Namen, genauso wie alle das Wasser mit verschiedenen Bezeichnungen meinen. Solange wir in Namen und Formen festhängen, bleibt uns die Grundlage dieser Namen und Formen verborgen. Die Grundmuster, durch die die Schöpfung hervorkommt, bleiben immer gleich. Heutzutage beschäftigen sich die Menschen im Allgemeinen nicht mit der Essenz und ihren regelmäßigen, geometrischen Mustern und Strukturen, durch die sie in Erscheinung tritt und später die Formen wieder auflöst. Von den grundlegenden Gesetzen der Alternierung, Pulsierung, Periodizität, Involution und Evolution haben wir uns weit entfernt. Daher sehen wir nicht mehr den großen Geometer, den eigentlichen Architekten und seine klassischen Werkzeuge, mit denen er die Abstufungen von Geist und Materie erschafft. Der Okkultismus dient dazu, uns von neuem auf dieses großartige Wissen auszurichten, das die Menschen des Altertums in Symbolen, Farben, klängen und Zahlen zum Ausdruck brachten.

Wir sehen hier Deutsche, Spanier, Argentinier, Belgier, Österreicher, Dänen, Schweizer und Inder, aber in Wirklichkeit sind wir alle

Menschen. Im Großen und Ganzen haben wir alle den gleichen Körperbau. Wenn es um Essen, Trinken, Körperpflege, persönliche Entwicklung, Familie usw. geht, denken wir alle ähnlich. Trotzdem verlieren wir uns in den Verschiedenheiten, die uns auffallen. Um den Verlust der Einheit zu verhindern, müssen wir auf das schauen, was wir gemeinsam haben. Unsere Körper sind gleich aufgebaut: Wir alle haben zwei Augen, eine Nase, einen Mund, zwei Ohren, zwei Hände, einen Oberkörper, einen Unterkörper, Beine und Füße. Sogar die Zahl der Finger und Zehen ist bei allen gleich. Ursprünglich haben wir alle auch gleich viele Zähne bekommen, falls wir inzwischen nicht einige davon aufgrund unseres Verhaltens verloren haben. Auch die fünf Sinne, die fünf Sinnesempfindungen, die fünf Pulsierungen und das Lebensprinzip sind bei allen gleich, ebenso das Bewusstsein, das in uns durch die sieben Hauptzentren im Körper arbeitet.

Allein das Verhalten ist bei jedem anders. Der weitaus größere Teil ist bei uns allen gleich, und nur in einem kleinen Teil unterscheiden wir uns voneinander. Es entspricht gewöhnlichem, oberflächlichem Durchschnittsverhalten, wenn wir unser Augenmerk auf das richten, was anders ist und von uns abweicht. Achten wir jedoch auf das, was allen gemeinsam ist und nehmen wir dadurch die Einheit wahr, ist dies überdurchschnittlich. Die Weisheit zeigt, was allen gemeinsam ist, aber Unwissenheit treibt die Menschen dazu an, sich zu unterscheiden, abzusondern und anders zu sein.

Die essentielle, gemeinsame Grundlage von uns allen ist unsere Existenz, aus der das Bewusstsein entsteht. Auch das Bewusstsein ist uns allen gemeinsam. Alle haben Existenz und Bewusstsein. Auf der Grundlage des Bewusstseins werden wir alle durch die Dreiheit Wille, Wissen und Handlung aktiv, und erst auf dieser Stufe unterscheidet sich jeder vom anderen.

Das Wollen, Wissen und Handeln ist in allen Personen andersartig, weil das Selbst eines jeden anders auf den Hintergrund eingestellt ist. Wenn die Ausrichtung auf den Hintergrund unterbrochen ist, wird auch die Fähigkeit zu wollen, zu wissen und zu handeln beeinträchtigt. Das wird in der Geschichte vom „verlorenen Sohn" dargelegt. Wer sich von seinem Vater entfernt hat, ist ein „verlorener Sohn". Weil die Menschen diese Ausrichtung verloren haben, scheren sie aus dem Plan aus. Unsere okkulte Arbeit besteht darin, die Ausrichtung wiederzufinden. Die Menschheit ist vom Plan abgewichen und hat dementsprechend den Willen, das Wissen und die Aktivität verloren, durch die es ihr möglich gewesen wäre, in Harmonie zu leben. Das Ergebnis dieser Abweichung ist Konflikt. Um die Abweichung zu beheben, empfahlen die Seher die Neuausrichtung durch das Gebet.

Ursprünglich galt das Gebet als Hilfsmittel, um sich von neuem auf die höheren Sonnenzentren in der eigenen Person auszurichten. Aber unglücklicherweise erlebten auch die Gebete in ihrer Qualität und ihrem Sinngehalt einen Niedergang. Heute sind sie zu einem verklärten Betteln herabgewürdigt. Wir bitten und betteln um verschiedene Dinge zu unterschiedlichen Zeiten, je nachdem, was wir gerade als vorrangig empfinden. So erbetteln die Menschen nicht nur Dinge von der Welt, sie haben sogar ein System entwickelt, um sich etwas von Gott zu erbetteln. „Bittet, so wird euch gegeben", zeigt einen armseligen Zustand des Menschen an. Wir haben gelernt, mit Gott zu feilschen, und dadurch wurden die Gebete kommerziell. Die meisten unserer Gebete kommen aus der Persönlichkeit und wollen etwas für die Persönlichkeit haben. Aber solche Gebete wandeln uns nicht um. Sie erschaffen eine noch größere Illusion als die, in der wir schon leben. Eigentlich ist das Gebet eine Form der Meditation. Es ist dazu gedacht, dass wir uns auf die göttlichen Zentren in uns ausrichten, das heißt auf das Herz, das *Âjnâ* und das *Sahasrâra*. Wenn wir beharrlich in dieser Ausrichtung bleiben, werden wir unweigerlich Impulse erhalten, was wir tun sollten, wann wir es tun sollten, wie wir es tun sollten und auch die Kraft bekommen, es zu tun.

Gegenwärtig leben wir ohne eine solche Orientierung. Diese Orientierungslosigkeit ist bei jedem anders ausgeprägt, und wir bemühen uns um eine neue Ausrichtung. Soweit wir uns von neuem ausrichten, kehren wir zur Entwicklung zurück. Wenn wir unausgerichtet bleiben, stockt die Entwicklung und wir stagnieren. In diesem Stadium befindet sich die Menschheit. Die Unterschiede im Entwicklungsstand beruhen auf verschiedenartigen Situationen, Erfahrungen und Experimenten, die die Persönlichkeiten gemacht haben. Sie führen uns zu den unterschiedlichen Auffassungen.

Wenn wir versuchen uns auszurichten, finden die drei Qualitäten zur Ausgewogenheit untereinander und bilden ein gleichseitiges Dreieck. Sobald die drei Qualitäten ausgeglichen sind, kommt auch alles Übrige in Ordnung. „Wie oben, so unten", lautet eine alte Lebensweisheit. Alles Lernen ist ein Fortschreiten von der Unordnung zur Ordnung, und diese Ordnung ermöglicht die erneute Ausrichtung auf das höhere Selbst, das heißt auf das höhere Sonnenzentrum in uns. Manche sind mit ihrem Wissen anderen voraus, andere hinken hinterher. Aber wir alle lernen und lernen immer weiter. Es ist tröstlich für uns zu wissen, dass unsere Sonne ebenfalls unter der Anleitung ihrer älteren Lehrer lernt, das sind die Sonnen des Großen Bären und jene, die noch höher stehen: *Savitru,* das solare Zentrum und *Âditya,* das kosmische Zentrum.

Trotzdem ist unsere Sonne das beste Vorbild und ein konkretes Beispiel. Einerseits nährt sie das Sonnensystem unter der Mitwirkung anderer planetarischer Regenten. Andererseits passt sie sich vollständig dem Plan an, der aus höheren Kreisen zu ihr herabkommt. Dadurch erstrahlt sie hell am Himmel.

Wir sollten uns ihr anschließen. Während wir lernen, mit den Menschen in unserer Umgebung zu kooperieren, sollten wir für jene da sein, die von uns abhängig sind und uns gleichzeitig auf die höheren Zentren in uns einstellen, das heißt auf das Herz, das *Âjnâ* und das *Sahasrâra*.

Eigentlich sind alle Gebete dazu gedacht, uns mit den höheren Kreisen in Übereinstimmung zu bringen, so dass wir stärker werden und mehr Kraft erhalten, um in unserer Umgebung besser arbeiten zu können. Diese Dimension wird uns fortwährend von der Sonne gezeigt, und wir sollten diesem Prinzip der Sonne unbedingt folgen.

Wir sollten bedenken, dass jeder von uns ein Sonnenzentrum ist. Auch wir erhalten die Mitwirkung der planetarischen Energien in uns und haben die Möglichkeit, uns in Einklang mit den höheren Zentren in uns zu bringen.

Wer mit der Weisheit arbeitet, bemüht sich darum, sich auf das Höhere auszurichten und für das Leben ringsum zu arbeiten. Der Zustrom von Energien aus höheren Kreisen muss in angemessener Weise an das Leben ringsum verteilt werden. Dadurch erfüllen wir unsere Verpflichtungen. Während wir all unsere irdischen Verpflichtungen erfüllen, werden wir auf Erden erfüllt.

Wir kommen noch einmal auf die Tafel zurück, die für das steht, was über alles hinausgeht und hinter allem steht: der Hintergrund. Beliebig viele Punkte können auf diese Tafel gemalt werden. Der Hintergrund hat unzählig viele Möglichkeiten hervorzutreten. Wenn ein Punkt auf dem grenzenlosen Raum erscheint, wird eine Raumkugel erschaffen, die die Grundlage für eine zukünftige Schöpfung darstellt. Dies sollte allen klar sein. Darüber sollten wir meditieren, um zu erkennen, wie eine Sonne, eine Seele bzw. ein *Âtman* geboren wird.

Genauso wie die kosmische, solare und planetarische Sonne ihren Aktivitätsbereich hat, so haben auch die Menschen ihren Aktivitäts- und Einflussbereich. Der ganze übrige Bereich bleibt für sie passiv. Außerhalb der kosmischen Kugel erstreckt sich der endlose und grenzenlose passive Raum. Wir sollten damit beginnen, über das Selbst und seinen strahlenden Glanz zu meditieren.

Das Sonnenzentrum in uns ist das Herz. Sein Licht ist golden. Das erhöhte Sonnenzentrum in uns befindet sich im *Âjnâ*, und sein Licht strahlt mit silbernem oder diamantenem Glanz. Die Seher meditierten entweder im Herzen, um das goldene Licht zu erschauen, oder im *Âjnâ*, um das diamantene Licht wahrzunehmen. Den goldenen Schein bezeichnen wir als subtiles und den diamantenen Schein als kausales Licht. Normalerweise befindet sich unser Gewahrsein im objektiven Denken. Deshalb blicken wir hinaus, um die objektive Welt zu erfahren.

Doch die objektive Welt ist ein Ergebnis der aufeinanderfolgenden kausalen und subtilen Erscheinungsformen. Um das Subtile und Kausale wahrzunehmen, müssen wir uns vom objektiven dem subjektiven Gewahrsein zuwenden.

Der grundlegende Schritt zu jeglicher okkulten Erkenntnis ist, das Denkvermögen nach innen zu richten. Wenn wir uns der Subjektivität zuwenden und über das Herzzentrum kontemplieren, entdecken wir eine Welt aus goldenem

Licht, die viel schöner und bezaubernder ist, und wir selbst sind der Mittelpunkt darin. Oder wenn wir über das *Âjnâ* kontemplieren, entdecken wir die Schönheit der diamantenen Welt, und wir selbst bilden den Mittelpunkt darin. Meditieren wir schließlich über das Scheitelzentrum, dann erleben wir das kosmische Sonnenzentrum. Darüber befindet sich die achte Ebene, in der der Hintergrund existiert. Das Eintreten in diesen Hintergrund bezeichnet man als *Samâdhi*. Dort löst sich das Selbst im Das auf.

Somit haben wir:

- im *Sahasrâra* die kosmische Existenz,
- im *Âjnâ* die solare Existenz,
- im Herzen die planetarische Existenz,
- im *Manipûraka* existieren wir als Verstandesmenschen auf dem Planeten.

Das Symbol für all diese Existenzarten ist das Zentrum mit dem Kreisumfang, und sein Klang ist das *AUM*.

Alle Sonnenzentren in uns können wir in unserer Wirbelsäule wahrnehmen. In den drei höheren Zentren, das heißt im Herzzentrum, im *Âjnâ* und im *Sahasrâra* ist die Wirbelsäule von den entsprechenden Energien erfüllt und durchdrungen.

Wenn wir uns nacheinander mit diesen Zentren verbinden, erhalten wir die entsprechende Weisheit. Auch sie ist dreifältig und wird *Trayi Vidya* genannt. Im Herzen, im *Âjnâ* und im *Sahasrâra,* den drei höheren Zentren, finden wir die entsprechenden subtilen Materieformen, das heißt die subtile, kausale und ursprüngliche Materie.

Die Seher des Altertums lebten im Inneren und stiegen diese drei Zentren nacheinander empor. Auf diese Weise erkannten sie die Aktivitätsbereiche des dreifältigen Lichts. Aus Freude, Begeisterung und reiner Liebe schilderten sie ihre Erfahrungen und Erkenntnisse zum Nutzen ihrer Mitmenschen. Ihre Ausführungen wurden schließlich zu den Schriften, die die Menschen inspirieren. Daher entwickelte sich die Tradition, die Schriften zu studieren, weil man jenen folgen wollte, die uns auf dem Weg des Lichts vorausgehen. Sie sind unsere Wegbereiter, die den Weg herausarbeiten. Auch wir folgen dem Weg. Sogar *Buddha* folgte ihm. Deshalb erhielt er den Beinamen *Tathagata,* mit dem jemand bezeichnet wird, der demselben Weg folgt. Wir sind ebenfalls *Tathagatas*, sofern wir diesem Weg folgen. Es ist ein Weg, auf dem wir uns auf die höheren Zentren des solaren Lichts ausrichten. Wir betrachten die Erfahrungen der Seher des Altertums als Orientierungshilfe und gehen vorwärts. Auf dem Weg sind sie die Wegweiser. Ihre Weisung und Führung nehmen wir an und gehen vorwärts.

Doch durch das Vertiefen in die Schriften können wir nicht die dreifache Sonne erkennen. Dafür müssen wir das tun, was auch die Seher getan haben. Wenn wir ihre Erfahrungen lesen, führt uns dies nicht geradewegs zu den entsprechenden Stadien des Seins und der Erfahrung. Tägliches Lesen der Schriften dient nur zur Inspiration, so dass wir uns ausrichten und meditieren. Meditation ist der Weg, und dabei hilft uns das Studieren der Schriften. Aber wir können nicht regelmäßig studieren, solange wir nicht ein Leben des Anbietens führen, im Gegensatz zu einem Leben des Verlangens. Wir müssen unser Leben vom Verlangen zum Anbieten verlagern. Durch das Anbieten erhalten wir Zugang zu den Wahrheiten der Schriften, was uns wiederum zur

Meditation inspiriert. Das fundamentale Dreieck der Erkenntnis ist:

Heute versuchen viele Menschen, Bücher zu lesen. Während sie lesen, bilden sie sich ihr eigenes Verständnis und fallen in die Illusion, dass sie durch ihr eigenes Verstehen zur Erleuchtung gefunden haben. Sie sind ihrem eigenen Stolz darüber, dass sie studiert und gelernt haben, zum Opfer gefallen und entwickeln die Neigung zur Überheblichkeit.

Von Natur aus ist es normal, einen gewissen Stolz zu haben. Wer jedoch stolz wird, weil er aus Büchern lernt, neigt dazu, eine arrogante Überlegenheit an den Tag zu legen und auf all jene geringschätzig herabzuschauen, die weniger Erkenntnisse haben. Für solche Personen ist Dienst die einzige Möglichkeit, um wieder normal zu werden.

Weisheitsbücher sind ebenso schädlich wie hilfreich. Es ist nicht wünschenswert, zu viel in

Büchern zu lesen, denn dadurch baut man sich ein unüberwindliches Hindernis auf: ein Super-Ego. Oft wird den Schülern gesagt, dass sie nicht zu Bücherwürmern werden sollten. Denn dann geraten sie, ohne sich dessen bewusst zu sein, in eine Bewusstseinslücke. Sie täuschen sich selbst.

Um aus dieser Täuschung wieder herauszukommen, benötigt man drei grundlegende Übungen.

1. Der erste Schritt ist die praktische Anwendung von einfachen Schritten in der Weisheit und gleichzeitig Stillschweigen zu bewahren.
2. Der zweite Schritt ist die allmähliche Umwandlung des eigenen Daseins in ein Leben des Anbietens.
3. Der dritte und letzte Schritt sind regelmäßige Meditationen, um sich nach innen zu wenden und sich auf die höheren Zentren auszurichten.

Wer sein Bewusstsein, das im objektiven Denken verankert ist, der subjektiven Seite des Denkvermögens zuwenden kann, findet das Heilige in seinem eigenen Inneren. Wenn sich das subjektive Denken in das goldene Licht des Herzens vertieft, entdeckt es das Heilige. Sobald wir in das Herz eintreten, gehen wir in das Heilige, in unsere göttliche Seite ein. Damit betreten wir den Tempel. Danach werden wir in die tieferen Kammern des Tempels geführt, um die dreifache Sonnenenergie zu erfahren. Das ist die Arbeit, über die bei der Sonnenverehrung kontempliert wird.

11. Die dreifältige Weisheit – *Trayî Vidyâ*

Das kosmische Sonnenzentrum, das solare Sonnenzentrum und das planetarische Sonnenzentrum bilden ein Dreieck der verschiedenen Sonnenenergien. Der elektrische Aspekt wird vom kosmischen Zentrum und der Reibungsaspekt vom planetarischen Zentrum dargestellt. Das solare Zentrum in der Mitte bildet das Gleichgewicht zwischen den beiden anderen Zentren.

Das kosmische Sonnenzentrum repräsentiert das elektrische bzw. kosmische Feuer, das planetarische Sonnenzentrum repräsentiert das

Reibungsfeuer, und das solare Sonnenzentrum repräsentiert das ausgleichende Feuer. Außerdem verkörpert das erste Zentrum den Geist, das dritte Zentrum die Materie und das zweite Zentrum das Bewusstsein. In der Ausdrucksweise der Hindu-Theologie steht das Erste für *Šiva,* den kosmischen Willen, das Dritte steht für *Brahman,* die kosmische Intelligenz, und das Zweite steht für *Vishnu,* die kosmische Liebe-Weisheit. Die drei Aspekte werden auch *Âditya, Sûrya* und *Savitru* genannt.

1	2	3
Kosmisches Sonnen-zentrum	Solares Sonnen-zentrum	Planetarisches Sonnen-zentrum
Elektrisches bzw. kosmisches Feuer	Solares Feuer (hält das 1. und 3. Feuer im Gleichgewicht)	Reibungsfeuer
Geist	Bewusstsein	Materie
Šiva (kosmischer Wille)	*Vishnu* (kosmische Liebe-Weisheit)	*Brahmâ* (kosmische Intelligenz)
Âditya	*Savitru*	*Sûrya*

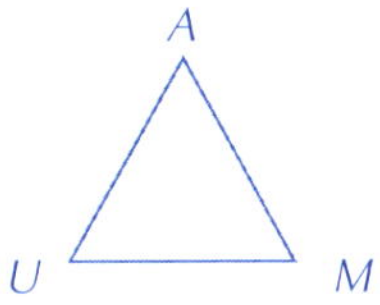
A
U
M

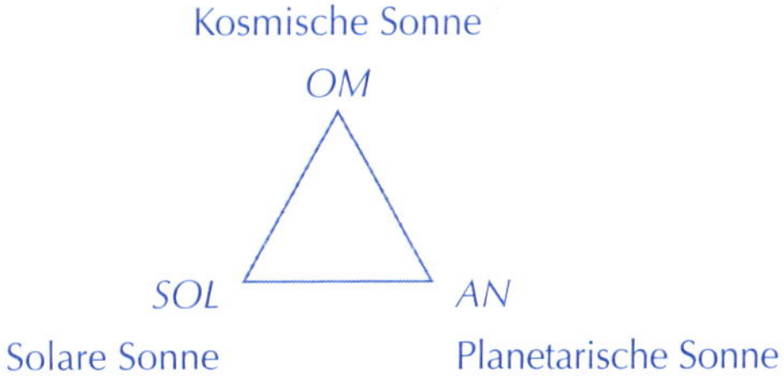
Kosmische Sonne
OM
SOL
AN
Solare Sonne
Planetarische Sonne

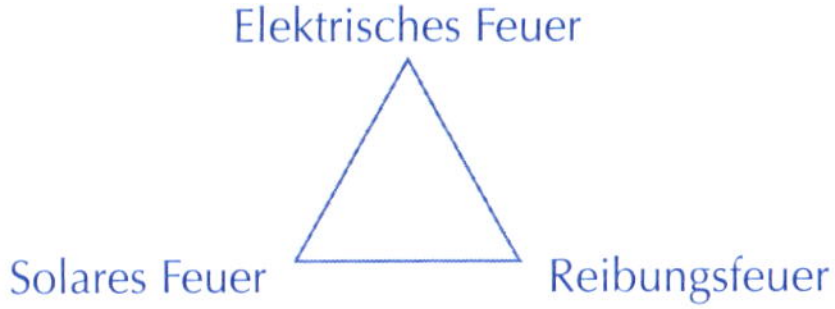
Elektrisches Feuer
Solares Feuer
Reibungsfeuer

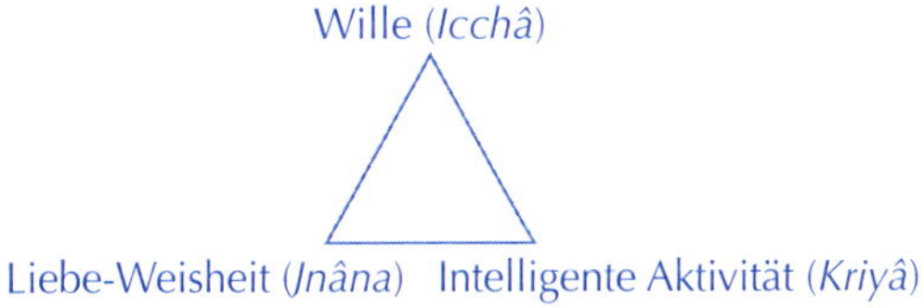
Wille (Icchâ)
Liebe-Weisheit (Jnâna)
Intelligente Aktivität (Kriyâ)

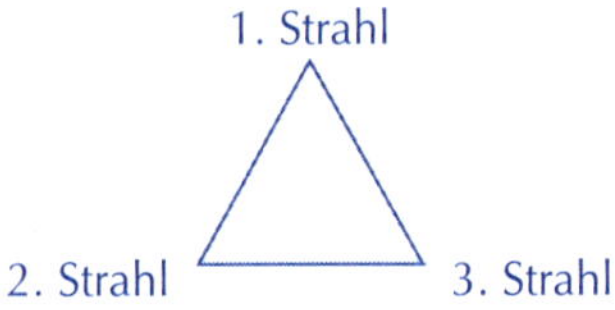

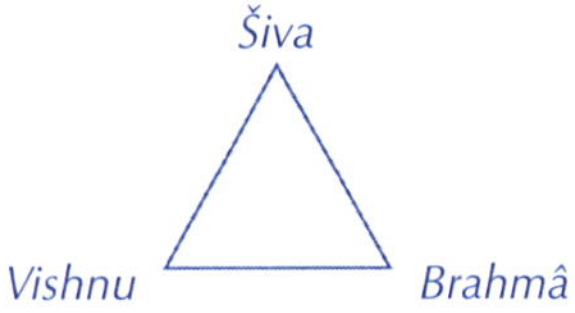

Wir müssen bedenken, dass die drei Zentren aus dem Hintergrund hervorkommen, der der Vierte ist. Jedes Mal, wenn ein Dreieck dargestellt wird, müssen wir versuchen, vier und nicht nur drei Aspekte zu sehen. Die drei Aspekte sind nur Projektionen aus dem Hintergrund, der der Vierte ist.

Es ist eine okkulte Übung, zusammen mit dem Sichtbaren auch an das Unsichtbare zu denken. Erfasst man nur das Sichtbare und nicht die Grundlage des Sichtbaren, dann erhält man nur ein unvollständiges Verständnis. Wenn es drei Sonnen auf drei Ebenen gibt, ist der Hintergrund der drei Sonnen bereits vorhanden.

„Eins wird Drei. Die Drei sind in Einem, Das Eine ist in Dreien. Die Drei sind in Einem. Das Eine kann durch die Drei als das Vierte herabkommen."

Aufgrund dieser Erkenntnis wird der Herr als vierarmig und auch als der Vierte dargestellt.

Die drei Spitzen des Dreiecks haben ihre höhere Einheit in dem Vierten, das in dem gemeinsamen Zentrum der Drei erkannt wird.

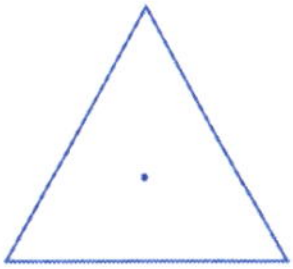

Die Drei stellen Geist, Materie und Bewusstsein dar, und sie haben ihre höhere Einheit in dem Vierten. In der Wissenschaft der Dreiecke *Trayî Vidyâ* ist der wichtigste Aspekt, die Drei auf dem Hintergrund, der der Eine ist, zusammenzuführen.

Die *Trayî Vidyâ* des Ostens ist die Trinosophie der Griechen. *Trayî* bedeutet Trino, *Vidyâ* bedeutet Sophia. *Trayî* bzw. Trino bedeutet Drei, *Vidyâ* oder Sophia bedeutet Weisheit. Somit ist die *Trayî Vidyâ* des Ostens die Trinosophia des Westens.

Die ganze Schöpfung ist ein Ausdruck dieser drei Zentren, das heißt ein Ausdruck von Geist, Materie und Bewusstsein. Das Bewusstsein ist aus Geist und Materie zusammengesetzt. Fehlt eines von beiden, gibt es kein Bewusstsein. Es gibt kein spirituelles Bewusstsein, denn Bewusstsein bezeichnet einen Zustand, in dem es Zwei gibt: den Beobachter und den Gegenstand der Beobachtung. Im Stadium des Geistes gibt es keinen Beobachter, der etwas beobachten könnte. Wenn daher nur der Geist vorhanden ist, kann nichts erfasst oder verstanden werden. Das Hervortreten des Bewusstseins ist die Grundlage des Verstehens. Aber das Bewusstsein kommt erst hervor, wenn die ursprüngliche Materie *Mûla Prakriti* da ist. Daher versteht man das Bewusstsein als das Kind, den Geist als den Vater und die Materie als die Mutter.

Im Wachzustand ist jeder von uns eine Bewusstseinseinheit, die ein Resultat von Geist und Materie in uns ist. Glanz und Leuchtkraft einer Bewusstseinseinheit hängen von der Grobheit oder Subtilität der Materie ab.

Das Dreieck, das den Vater, die Mutter und den Sohn darstellt, ist zweifellos allgemein bekannt, doch seine Bedeutung wird selten erkannt.

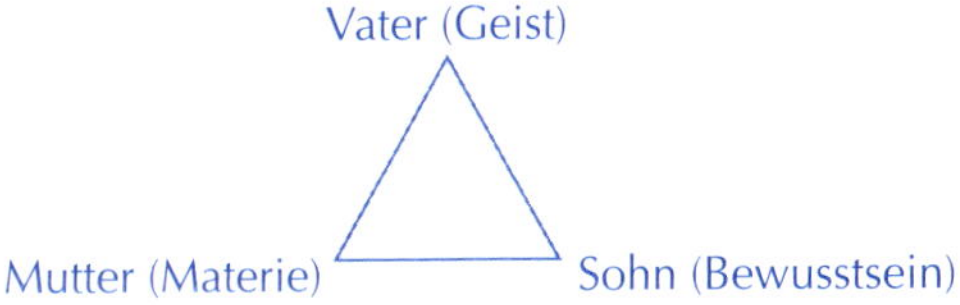

Jeder von uns ist ein Sohn. Auch die Sonne unseres Sonnensystems ist ein Sohn. Wenn wir den Sohn kennen, der wir sind, dann kennen wir auch die Sonne am Himmel. Das Selbst, Ich Bin (*Asmi*) ist der Sohn und auch die Sonne.

„Mensch, erkenne dich selbst!", lautet ein uraltes Sprichwort. Jeder Meister der Weisheit verkündet es. Der Mensch ist das Selbst, das als intelligentes Wesen im Lauf vieler Inkarnationen vor allem im Denken viele Umwandlungen durchlaufen hat. Da der Mensch vorwiegend mit dem Denkvermögen arbeitet, wird er „Mensch" genannt. Das Wort Mensch (bzw. „man" im Englischen) entstand aus den Sanskrit-Wörtern *man* (Denkvermögen), *manava, manushya*. Obwohl wir bewusste Wesen sind, werden wir in erster Linie vom Denkvermögen angetrieben. Der empfohlene Weg der Rückkehr ist der Aufstieg vom Denkvermögen zum Selbst. Durch zahlreiche Veränderungen kam das Selbst als Denkvermögen herab. Das Denkvermögen wieder zu verändern, um das Selbst zu erkennen, ist der okkulte Weg, der Weg der Jüngerschaft bzw. der *Yoga*-Pfad. Vom Denkvermögen zu *Buddhi* muss die erste Veränderung stattfinden, und die letzten Veränderungen ereignen sich von *Buddhi* zu *Âtma*.

Âtma, die Seele, existiert über den drei Qualitäten. Wenn die Seele ihre Identität mit der Überseele entdeckt, geschieht die letztendliche Erkenntnis und Verwirklichung. Nach den *Veden* ist sogar das universale Selbst eine Abwandlung, denn es kommt durch viele Umwandlungen aus *Brahman*, dem Absoluten, hervor. Wenn die Seele in die drei Qualitäten eintaucht, verwandelt sie sich in ein Ego. Das Ich-Bewusstsein stellt einen abgesonderten Zustand dar.

12. Pythagoras und das Symbol der Tetraktys

Ein Mensch mit Ich-Bewusstsein nimmt einen deutlichen Unterschied zwischen sich selbst und seiner Umgebung wahr. Entsprechend seinen Qualitäten unterscheidet er sich von anderen. Auf diese Weise wird das Selbst, das ursprünglich ohne spezielle Eigenschaften ist, zu einem Selbst mit besonderen Eigenschaften.

So entwickelt sich aus der einheitlichen Existenz die Existenz einzelner Bewusstseinseinheiten, die von den drei Qualitäten umgeben sind. Wenn wir in der Lage sind, die Qualitäten in einem ausgewogenen Zustand zu halten, können wir harmonisch leben. Die Ausgewogenheit der Qualitäten wird *Buddhi* genannt. In der *buddhischen* Daseinsform können wir in Harmonie leben, auch wenn wir in der Welt sind.

Durch das Denkvermögen stellt *Buddhi* eine Verbindung zur Welt her. Das Denkvermögen nutzt die fünf Sinne als Kanäle, durch die die Energien hinaus- und hineinfließen. Durch die hereinkommenden Energien und Informationen wird das Denkvermögen beeinflusst und verändert.

Wer auf der *buddhischen* Ebene bleibt, kann beobachten, wie sich das Denkvermögen fortwährend verändert. Gehen wir jedoch ganz im Denkvermögen auf, dann verlieren wir die

Harmonie des Lebens und leben aufgrund der nicht enden wollenden Veränderungen, die das Denkvermögen durchlebt, in ständigem Konflikt.

Aus Gewohnheit leben wir im Denkvermögen, aber wir sollten uns darin üben, auf der *buddhischen* Ebene zu bleiben und das Denkvermögen, die Sinne und den Körper zu benutzen. Die Seele (das Selbst) kann innerhalb oder außerhalb der drei Qualitäten sein. Wenn sie in die Qualitäten eintaucht, neigt sie zur Absonderung, und wenn sie sich außerhalb der drei Qualitäten befindet, lebt sie in ihrer normalen nicht-abgesonderten Existenz.

Das nicht-abgesonderte Selbst sondert sich ab, taucht in *Buddhi* ein und nimmt schließlich einen Platz im Denkvermögen eines Menschen ein. Dies sind die vier Stadien des Selbst, und die Menschen befinden sich im vierten Stadium.

Im vierten Stadium ist der Mensch nicht nur bei der Welt, sondern auch in ihr. Er wird von der Welt verschlungen und taucht in ihr unter. Dann versinkt er in ihr und verliert seine ursprüngliche Identität. Er wird durch Name, Form und deren Eigenschaften begrenzt. Im vierten Stadium lebt der Mensch in einer begrenzten

Situation. Auf diese Weise wird das Selbst begrenzt und verliert seine Identität. Um sie wiederzuerlangen, müssen wir uns an unsere drei höheren Aspekte erinnern.

- Die drei höheren Aspekte werden von einem Dreieck dargestellt.
- Der vierte Aspekt wird von einem Quadrat dargestellt.
- Das Dreieck innerhalb des Quadrats ist ein begrenzter Zustand.
- Ein Dreieck über dem Quadrat ist ein uneingeschränkter Zustand.
- Das Dreieck über dem Quadrat ist ein Tempel. Das Dreieck im Quadrat ist ein Gefängnis. Das Selbst kann eingesperrt sein oder als Meister frei leben.
- Durch Wissen und die entsprechenden Übungen kann der Mensch zum Meister werden.

Der große Eingeweihte Pythagoras mochte besonders das Symbol der Tetraktys bzw. des Tetragrammaton (des Dreiecks in einem Quadrat).

Pythagoras erklärt die Umkehrung des Menschen mithilfe des umgekehrten Dreiecks innerhalb des Quadrats.

(Abb. 1)

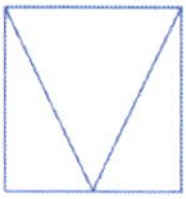

Die Beziehung des Menschen zur Welt erklärt er mit einem Dreieck im Quadrat.

(Abb. 2)

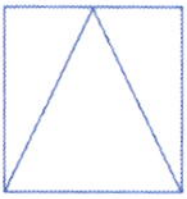

Den Triumph des Menschen über die Welt erklärt er mit einem Dreieck über dem Quadrat.

(Abb. 3)

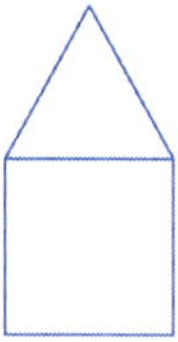

Den himmlischen Menschen erklärt er mit dem Doppeldreieck, bei dem ein Dreieck über dem anderen liegt.

(Abb. 4)

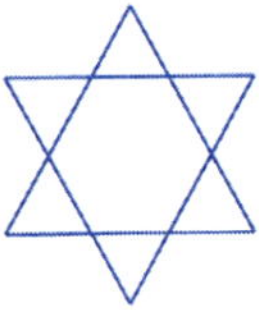

- Im ersten Stadium (Abb. 1) ist der Mensch ein Sklave.
- Im zweiten Stadium (Abb. 2) lebt der Mensch harmonisch in der Schöpfung.
- Im dritten Stadium (Abb. 3) kommt er mit der Welt gut zurecht, und die Welt bindet ihn nicht mehr.
- Im vierten Stadium (Abb. 4) wirkt das Göttliche uneingeschränkt auf allen Ebenen.

Die pythagoreische Symbolik spricht Bände. Symbole erklären viel mehr als Kommentare. Den dritten Schritt erklärt Pythagoras als Tempel.

Unsere Arbeit in diesem Seminar ist, dass wir uns auf der Grundlage unseres normalen vierten Stadiums, des Denkvermögens, an *Buddhi*, an das abgesonderte Selbst und an das nicht-abgesonderte Selbst erinnern, das heißt an die drei höheren Aspekte in uns.

Wie aus der Beschreibung hervorgeht, ist das Denkvermögen der Ausgangspunkt. Das Denkvermögen hat zwei Gesichter, mit denen es in die Objektivität und in die Subjektivität schauen kann. Wir entwickeln nur das objektive Gesicht, aber wir müssen auch das subjektive Gesicht entwickeln. Im Inneren sollten wir sehen, hören, riechen, die innere Berührung sowie den inneren Geschmack wahrnehmen können.

Ebenso wie wir von Kindheit an das objektive Denken entwickelt haben, sollten wir durch entsprechende Ausbildung das subjektive Denken entwickeln. Das objektive Denken entwickelte sich, weil wir uns der Objektivität zuwandten. Genauso wird sich das subjektive Denken durch Ausbildung und Anwendung auf die innere Welt entwickeln.

Bis wir uns nach innen wenden und uns darin üben zu sehen oder zu hören, kann durch Seminare wie dieses nicht viel erreicht werden. Es ist notwendig, dem subjektiven Hören oder Sehen jeden Tag 2 bis 3 Stunden zu widmen. Dadurch entwickeln wir im Lauf der Zeit das subjektive Denkvermögen. Das subjektive Denken entdeckt im Inneren einen summenden Klang mit dem entsprechenden Licht, die beide vom Herzen ausgehen. Durch die Verbindung mit dem Licht wird es möglich, das erste Sonnenzentrum im Herzen zu erreichen. Die Sonne ist Drei in Einem, denn sie hat zwei höhere Aspekte: die zentrale Sonne und die kosmische Sonne. Während wir im Herzen bleiben, können wir unsere Kontemplation fortsetzen und die zentrale Sonne erfahren. Dadurch erreichen wir das *Âjnâ*. Anschließend kontemplieren wir über das *Sahasrâra*, die kosmische Sonne. Auf diese Weise steigen wir vom objektiven zum subjektiven Denken, vom subjektiven Denken zum *Anâhata*, vom *Anâhata* zum *Âjnâ*, vom *Âjnâ* zum *Sahasrâra* empor und erkennen dabei die drei Sonnen.

In der *vedischen* Literatur wird die planetarische Sonne *Sûrya* genannt. *Sûrya* bedeutet „der Weber“, denn wie eine Spinne webt die Sonne das Sonnensystem. *Sûrya* arbeitet rund um unsere Erde, webt die vier kardinalen Punkte und manifestiert 12 Qualitäten. Im Zusammenspiel mit den 4 kardinalen Punkten bringt die dreifache Sonne die 12 Qualitäten durch die 12 Monate eines Sonnenjahres herein. Wie oben bereits dargelegt, ist die Sonne ein siebenfältiges Prinzip. Somit dient die Meditation über die Zahlen 3, 4, 7 und 12 sowie die entsprechenden Symbole als Mittel, um die Sonnenenergie zu erfahren.

Pythagoras sagt:

$$3 + 4 = 7$$

$$3 \times 4 = 12$$

Das Sonnenlicht hat 7 Abstufungen, die zu 7 Bewusstseinsstufen, 7 Farben, 7 Ebenen, 7 Planeten usw. führen.

Die Sonne hat 12 Qualitäten, die von den 12 Energien der Tierkreiszeichen dargestellt werden. Der Mensch ist eine Verkörperung des Siebener-Prinzips. Er verbindet sich mit den 12 Qualitäten und macht seine eigene Erfahrung.

Die Zahlen 3 und 4 werden unterschiedlich angewendet und bilden verschiedene Aspekte der Weisheit heraus. Daher sollte jeder okkulte Schüler die Zahlen, 3, 4, 7 und 12 in Zusammenhang mit ihrem Potential erfassen.

Auch die platonischen Körper sind mit diesen Zahlen verbunden.

2 x 3 = 6

2 x 4 = 8

3 x 4 = 12

Wir finden die entsprechenden Bausteine, die tiefgründige Weisheit enthüllen. Platonische Körper stellen die Natur, Qualität und Potenz der Grundzahlen dar. Sie erarbeiten die Bausteine, die die Schöpfung bilden.

Durch die vier kardinalen Punkte, durch die Tetraktys, sein Lieblingssymbol, hebt Pythagoras die grundlegende Bedeutung der dreifachen Erscheinungsform der Sonne hervor.

Der dreifältige kosmische Mensch manifestiert sich mit seinen sieben Prinzipien durch vier kardinale Punkte in zwölf Qualitäten.[1]

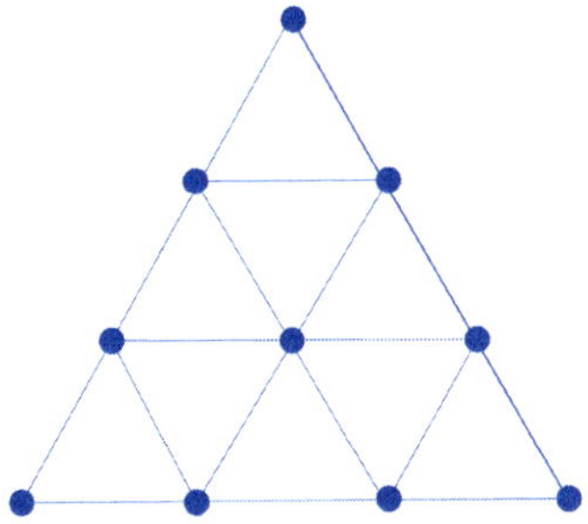

Wenn wir den kosmischen Plan verstehen wollen, haben wir nur die Möglichkeit, ihn in sei-

1 „Die Tetraktys, auch als Dekade bekannt, ist ein gleichseitiges Dreieck, das aus der Abfolge der ersten zehn Zahlen gebildet wird, die in vier Reihen angeordnet sind. Die Tetraktys ist eine mathematische Vorstellung und ein metaphysisches Symbol, das in sich wie ein Samen die Prinzipien der natürlichen Welt, die Harmonie des Kosmos, den Aufstieg zum Göttlichen und die Geheimnisse des göttlichen Bereichs enthält. Dieses uralte Symbol wurde so sehr verehrt, dass es die Philosophen der Antike dazu inspirierte, bei dem Namen desjenigen zu schwören, der dieses Geschenk der Menschheit gebracht hatte." (aus: www.wikipedia.com)

nem Abbild, der vertikalen Mikro-Form zu studieren. Diese Mikro-Form ist der Mensch. Der Mensch besteht aus sieben Schichten mit sieben Knotenpunkten, den sieben Zentren. Wie die zwölf Zeichen des Tierkreises bringt er bestimmte Qualitäten zum Ausdruck. Weiterhin sagt Pythagoras: „Die siebenfältige kosmische Person tritt in die zwölf Qualitäten ein, um die Schöpfung aufzubauen, deren Zahl die 5 ist."

Die sieben Prinzipien opfern sich selbst in die zwölf Qualitäten. Wenn 7 von 12 subtrahiert wird, bleibt die 5.

$$12 - 7 = 5$$

Die kosmische Person geht in alle ein, opfert sich selbst, und durch ihre 12 Qualitäten erbaut sie diese Schöpfung, deren Zahl die 5 ist.

Die Zahl 5 ist ein eigener Schlüssel. Die Numerologie schreibt die Zahl 5 dem Gottessohn und die Zahl 10 Gott zu. Sogar in der Astrologie gibt das 5. Sonnenzeichen einen Hinweis auf Söhne, während das 10. Sonnenzeichen auf die Verbindung des Sohns mit dem Vater hinweist. Der Mensch in der Schöpfung kann sich mit dem kosmischen Menschen verbinden, indem er dessen Geheimnis entschlüsselt. 5 ist die Kennziffer für diese Entschlüsselung. Ebenso interessant ist es zu sehen, dass 5 die mittlere Ziffer ist. Vier Ziffern gehen ihr voraus, und vier folgen ihr.

1 2 3 4   5   6 7 8 9

5
4 - - - 6
3 - - - - - - - - 7
2 - - - - - - - - - - - - - - - 8
1 - 9

Die Ziffer 5 kann die übrigen Zahlen in vier Gruppen von je 2 Ziffern unterteilen, so dass die Summe jeder Gruppe 10 ist.

$$(1 + 9) = (2 + 8) = (3 + 7) = (4 + 6) = 10$$

Folglich kann es Erfüllung und Erkenntnis in allen vier Stadien der Existenz geben, wenn man das Geheimnis der Zahl 5 kennt.

Das größte Geheimnis der Zahl 5 ist: Entgegengesetzte Energien von Geist und Materie finden in ihrem mittleren Prinzip zur Übereinstimmung, und die Zahl 5 ist solch ein mittleres Prinzip. Die Existenzebenen bilden sich aufgrund der unterschiedlichen Abstufungen von Materie und Geist. Das Gleichgewicht auf jeder Ebene kann herausgearbeitet werden, wenn wir das mittlere Prinzip verfolgen, das gleich weit von Links und Rechts, von Materie und Geist entfernt bleibt. Es ist der Punkt, an dem Geist und Materie auseinandergehen und daher auch der Punkt, an dem sie zusammenfinden. Auf jeder Ebene gibt es einen solchen Punkt, und man bezeichnet ihn als die Zahl 5.

In einem Dreieck, das aus Vater, Mutter und Sohn besteht, finden wir im Sohn die harmonische Zusammenführung der väterlichen und mütterlichen Qualitäten. Die Zahl des Sohns ist die 5, und die Zahl des Vaters ist die 10. In der 5 haben wir den Vater und auch die Mutter, da der Sohn das Kind von beiden ist. Um es noch etwas deutlicher zu machen: Die 10 wird durch die Natur als 5 widergespiegelt, und es ist der Vater, der sich durch die Mutter im Sohn widerspiegelt. Mithilfe des Sohns können wir den Vater verstehen. Daher betrachtet man die 5 als Zahl des Gottessohns, der uns die neunfältige Natur und den zehnfältigen Gott verstehen lässt. Der Gottessohn wird im Sanskrit *Kumâra* genannt.

In der *vedischen* Kosmologie werden hauptsächlich fünf *Kumâras* erwähnt, die ihre *Ash-*

rame zum Weitergeben der Lehre auf der planetarischen, solaren und kosmischen Ebene haben. Diese fünf *Kumâras* sind als *Sanatana, Sanaka, Sanandana, Sanat Kumara* und *Nârada* bekannt. Einer dieser *Kumâras* ist auf unserem Planeten anwesend. Es ist *Sanat Kumâra*. Dieser Lehrer leitet mit einer Hierarchie von Lehrern die Weisheitsschulen in allen Zeitaltern auf der Erde. Er ist die Schlüsselfigur, die die Weisheitsschulen führt, in welche die Aspiranten aufgrund ihrer energetischen Qualität aufgenommen werden. Die sieben Weisheitsschulen auf dem Planeten werden in Zusammenhang mit den sieben Strahlen von den sieben Sehern unter seiner Führung geleitet. *Sanat Kumâra* ist der Hierophant, durch den Evolutionen außerhalb des Planeten erreicht werden können. Er bildet die Brücke zwischen dem irdischen Dasein und höheren Existenzformen, und er regiert die siebte Unterebene der siebten, irdischen Ebene. *Sanat Kumâra* wird als das kosmisch permanente Atom bezeichnet, als König der Erde, als Herr der Erde und auch als Regent der Erde. Der Weltlehrer Lord *Maitreya* (der Christus) arbeitet unmittelbar in Einklang mit ihm.

13. Dem Weg der Sonne folgen

Die Sonne, die wir sehen, ist der wichtigste Himmelskörper am Firmament, das objektivierte Sonnenprinzip. Sie ist die sichtbare Kugel des Sonnenprinzips. Der Ursprung der Sonne ist das Sonnenprinzip, das auf der kosmischen und solaren Ebene existiert.

- Der kosmischen Sonne wird die Klangpotenz *A*,
- der zentralen Sonne wird die Klangpotenz *U* und
- der planetarischen Sonne wird die Klangpotenz *M* zugeschrieben.

Diese drei Stadien des Sonnenprinzips werden von dem Klang *AUM* dargestellt.

Die kosmische, solare und planetarische Sonne bilden zusammen den kosmischen Menschen *Purusha*. Jedes dieser Prinzipien ist siebenfältig, und zusammen sind sie 3 x 7 Prinzipien. Aus diesem Grund sagt man, *Purusha* sei 21+ geteilt durch 7. „7 Schichten und 3 x 7 Brennhölzchen für *Purusha*“, heißt es in den *Veden*.

- Die kosmische Sonne ist für den Menschen nicht zu sehen und nicht zu erfassen.
- Die solare Sonne ist die Seele der Sonne, die wir erfassen können, aber sie ist für das bloße Auge nicht sichtbar.
- Der planetarische Sonnenglobus ist der physische Körper der Sonne.
- Der physische Körper der Sonne hat sieben Schichten, die von den sieben Planetenkörpern dargestellt werden. Außer der Sonne sind dies Merkur, Venus, Mond, Mars, Jupiter, Saturn und Erde.
- Diese sieben Planeten sind aus den sieben Prinzipien der planetarischen Sonne geboren, die als deren Ursprung betrachtet wird.
- Die Sonne, die wir sehen, ist das Achte, aus dem die Sieben hervorkommen. Jenseits dieser Sieben ist die Sonne eine leuchtende Kugel.
- Diese leuchtende Kugel umfasst sieben Abstufungen, deren Leuchtkraft auf der zentralen Sonne *Savitru* beruht.
- *Savitru* ist das Achte, von dem sieben Abstufungen des Lichts ausgehen. Die sieben Abstufungen der Sonne sind als die sieben solaren Flammen bekannt.

- *Savitru* ist ein Ergebnis von sieben kosmischen Strahlungen, deren Ursprung die kosmische Sonne, das Neunte, ist.
- Somit stellen die drei Sonnen auf drei Ebenen Materie, Kraft und Bewusstsein sowie die eine kosmische Form dar, die der kosmische *Purusha*, die kosmische Person, genannt wird.
- Daher sagt man, dass die kosmische Person über die 21 hinausgeht. Ihr wird keine Zahl zugeschrieben, da sie außerhalb jeder Zahlenpotenz existiert. Sie wird als (3 x 7)+ oder als 21+ betrachtet.
- In Bezug auf die kosmische Person verwendet der große Eingeweihte Pythagoras die Zahl π (Pi). Der Weg von der planetarischen Sonne zur kosmischen Person wird durch π dargestellt. Wie wir wissen, ist π die Beziehung zwischen dem Zentrum und dem Kreisumfang als Radius.
- Die Weisheit besteht darin, vom planetarischen Sonnenzentrum zum kosmischen Sonnenzentrum und darüber hinaus zu reisen, um ausgelöscht bzw. absorbiert zu werden. Diese Absorbierung bzw. Auslöschung wird *Nirvâna* genannt.

- Das *Nirvâna* ereignet sich in drei Stufen. Das erste *Nirvâna* erleben wir, wenn wir uns mit der Sonne verbinden, das zweite *Nirvâna* erleben wir, wenn wir uns mit der zentralen Sonne verbinden, und das dritte *Nirvâna* erleben wir, wenn wir uns mit der kosmischen Sonne verbinden. *Nirvâna* bedeutet Tod. Auf der ersten Stufe stirbt die Persönlichkeit und die Seele wird geboren, auf der zweiten Stufe stirbt die Seele und der Geist wird geboren, auf der dritten Stufe vereint sich der Geist mit seinem Ursprung. Diese drei Stufen des *Nirvâna* werden *Nirvâna, Para Nirvâna* und *Mahâ Para Nirvâna* genannt. Beim Menschen auf der kosmisch physischen Ebene kann man dies als das Erreichen des *Anâhata, Âjnâ* und *Sahasrâra* betrachten.

Kapitel 3

14. Mensch und kosmischer Mensch

Der Mensch auf dem Planeten wurde nach dem Ebenbild der kosmischen Form gestaltet und gilt als Abbild der kosmischen Person. In dem Bild der menschlichen Gestalt fanden die Seher Entsprechungen zu den drei Sonnen und zu dem Einen, der über allem ist. Um den Ursprung des Kosmos und des Menschen zurückzuverfolgen, können wir uns mit den drei solaren Zentren in uns selbst verbinden. Dies bezwecken auch alle Weisheitsübungen.

- Die kosmische Person hat ein kosmisches, solares und planetarisches Zentrum. Auch der Mensch hat diese drei Zentren: das *Sahasrâra*, *Âjnâ* und *Anâhata*.
- Der Mensch wird durch seinen Körper sichtbar. Die kosmische Sonne wird durch ihren Körper, den Sonnenglobus, sichtbar.
- Die Seele des Sonnenglobus ist die zentrale Sonne. Die Seele des Menschen befindet sich im *Âjnâ*.

- Der Geist des Sonnenballs ist in der kosmischen Sonne. Der Geist des Menschen ist im *Sahasrâra*.
- Die kosmische Person durchdringt die drei Sonnen als der Vierte. Auch der Mensch durchdringt alles über sein *Sahasrâra, Âjnâ* und *Anâhata*.

Für den weltlichen Menschen ist es erforderlich, sich nach innen zu wenden und das Herzzentrum zu erreichen. Danach sollte er zum *Sahasrâra* aufsteigen, um seinen Ursprung kennenzulernen.

Auf diesem Weg erlebt er auch den Ursprung des Kosmos. Aus diesem Grund wurde die Verehrung der Sonne mit ihren drei Aspekten von allen Sehern in allen Theologien empfohlen.

Durch die Verehrung der drei Sonnen verehrt man gleichzeitig:

- den Geist, die Seele und die Materie,
- das Bewusstsein, die Kraft und die Materie,
- den Ersten, Zweiten und Dritten Logos,
- die heilige Trinität bzw. Triade.

Über der Triade existiert der unaussprechliche, alles durchdringende und allmächtige Gott. Auf diesem Hintergrund, dem Vierten, findet das Spiel der Trinität statt.

Einem Okkultisten wird daher empfohlen, sich von der Objektivität in das Herz zurückzuziehen. Nachdem er ins Herz zurückgekehrt ist, sollte er durch Kontemplation bis zur Stirn aufsteigen und anschließend über das kontemplieren, was über allem ist.

Somit geht man auf dem Weg von der Objektivität (der Horizontalen) zu jenem Punkt zurück, an dem das Bewusstsein vertikal emporsteigt, um danach vertikal aufzusteigen.

Der Weg, den jeder Lehrer seinen Schülern darlegt, verläuft von der Horizontalen zur Vertikalen und von der Vertikalen zum Ursprung.

Während sich das menschliche Bewusstsein mit der Objektivität beschäftigt, bewegt es sich auf dem horizontalen Weg. Das Zurückziehen des Bewusstseins gleicht dem Umleiten eines Flusses und ist daher nur durch den Einsatz starker Willenskraft möglich.

Nachdem wir den Bewusstseinsfluss in die entgegengesetzte Richtung umgeleitet haben, erreichen wir den Punkt, an dem wir den Weg zur Vertikalen finden. Wir müssen an jenem Punkt verweilen, wo die Vertikale beginnt. Dieser Punkt ist in uns das Herz. Beim Herzen gibt es eine vertikale silberne Verbindung, durch die wir unter Anleitung eines *Râja-Yoga*-Lehrers aufsteigen können. Diese vertikale Verbindung wird als *Sushumnâ*, als *Mukhya Prâna* oder als das „Hauptleben" bezeichnet. Die Lehrer des *Râja-Yoga* machen die Menschen mit diesem Weg vertraut, um den Aufstieg zu ermöglichen.

Der Aufstieg ist für jene, die sich einigermaßen vom objektiven Leben gelöst haben. Er ist nicht für Personen, die tief im objektiven Leben versunken sind und auch nicht für Personen, die ihm ablehnend gegenüberstehen. Wir sollten das objektive Leben weder ablehnen noch uns daran festklammern, sondern es auf natürliche Weise loslassen, weil wir die Pflichten des Lebens durch ein Leben des Anbietens erfüllt haben. Der Weg der Sonne ist ein direkter Weg für alle, die ihrem Bewusstsein folgen und es zu seinem Ursprung zurückverfolgen.

15. Sonnenritual

Die vier Positionen der Sonne im Verhältnis zu unserer Erde lassen verschiedene Sonnenenergien herabströmen. Die vier kardinalen Punkte sind Osten, Himmelsmitte, Westen und die Himmelstiefe (Nadir).

Sie lassen auch die zweite Gruppe von kardinalen Punkten entstehen: Osten, Süden, Westen und Norden auf der horizontalen Ebene. Diese sechsfache Energie, die aus den sechs kardinalen Punkten hervorgeht, baut sich zu einer sechsdimensionalen Gottheit auf.

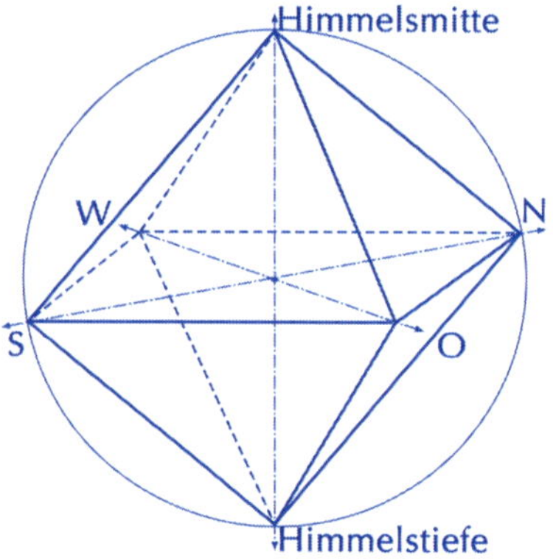

Die Energie berührt die Erde in zwei Vierergruppen an sechs Punkten. Zwei dieser Eckpunkte haben die beiden Vierergruppen gemeinsam.

In dem Diagramm lässt sich erkennen, dass die Energie vier Punkte rundum sowie jeweils einen Punkt oben und unten bildet. Innerhalb des Diagramms können wir die Energie einer Kugel, einer Zweiheit, eines Dreiecks und eines Quadrats finden. Damit sind die Potenzen der 4, 3, 2, 0 auf der Erde vorhanden. Die Zahl 432 ist ein Hauptschlüssel, um die Zeitzyklen, die neunfältige Natur, die vierfältige Existenz, die drei involutionären und evolutionären Kräfte sowie die zweifache Unterteilung in Oben und Unten, Links und Rechts zu erklären.

Das Zusammenspiel dieser Zahlen bringt eine Vielfalt von Zahlenpotenzen, geometrischen Mustern sowie die entsprechenden Kräfte, Klänge und Farben hervor (2 x 3 = 6; 2 x 4 = 8; 3 x 4 = 12). Die auf diese Weise geformte Gottheit enthält all diese Potentiale. Von der Erde aus betrachtet bringt der Sonnengott von Dezember bis Juni einen aufsteigenden Lichtbogen hervor. Es ist der göttliche Bogen. Ebenso bildet er von Juni bis Dezember einen absteigenden Lichtbogen, den man den königlichen Bogen nennt. Er lässt 6 Jahreszeiten von jeweils 2 Monaten und ein Sonnenjahr mit 12 Monaten entstehen. Außerdem bildet er 4 Jahresviertel, die jeweils 3 Monate dauern und 3 Unterteilungen von jeweils 4 Monaten mit 3 Gruppen, die jeweils aus 4 Elementen bestehen: 3 Erdzeichen, 3 Wasserzeichen, 3 Feuerzeichen und 3 Luftzeichen. Von den Mustern, Potenzen, Klängen und Farben, die die Sonne entwickelt, wird die Erde mit ihren Lebewesen erfüllt.

Innerhalb des Symbols gibt es Gegensätze, die sich ergänzen. Der Kreis spricht vom Gesetz der Periodizität, die aufeinanderfolgenden Abschnitte vom Gesetz der Wechselfolge. Der Punkt und der Kreis stellen das Gesetz der Pulsierung dar. Folgt man den vier Abschnitten im Uhrzeigersinn, wird das Gesetz der Involution offenbart, und folgt man diesen Abschnitten gegen den Uhrzeigersinn, wird das Gesetz der Evolution offenbart.

- Aus dem ewig verborgenen Hintergrund wird die 1 (der Punkt) geboren. Um die 1 entsteht die O (die Kugel).
- Von diesen Zweien kommt das dreifältige Wesen.

- Von der 3 kommt die 4.
- Die 3 und die 4 vereinen sich, um 7 zu werden, und sie multiplizieren sich, um 12 zu werden.

Durch Meditation über das Symbol offenbart sich Weisheit tief in unserem Inneren. Auf diese Weise wird die verborgene Weisheit zum Vorschein gebracht.

In jüngster Zeit wurde Madame HPB dieses Symbol gezeigt. Durch Kontemplation darüber erlangte sie das subjektive Bewusstsein und konnte die Geheimnisse der Schöpfung enthüllen.

Einem Schüler des Okkultismus wird empfohlen, im Zentrum des Symbols zu stehen und über eine Kugel zu meditieren, die ihn umgibt und die oben genannten zwei Gruppen von vier kardinalen Punkten enthält.

Von *vedischen* Sehern wurde die Meditation über dieses Symbol als Ritual erfasst und entworfen. Sie gaben es als Übung für die Morgen- und Abendstunden heraus. Wer in die Sonnenverehrung eingeführt wird, erhält grundsätzlich dieses Ritual, bei dem der Schüler eine Doppelpyramide um sich herum aufbaut. Das eigene Herz bildet das Zentrum der Doppelpyramide. Um die Pyramide sollte man sich ebenfalls die Kugel vorstellen.

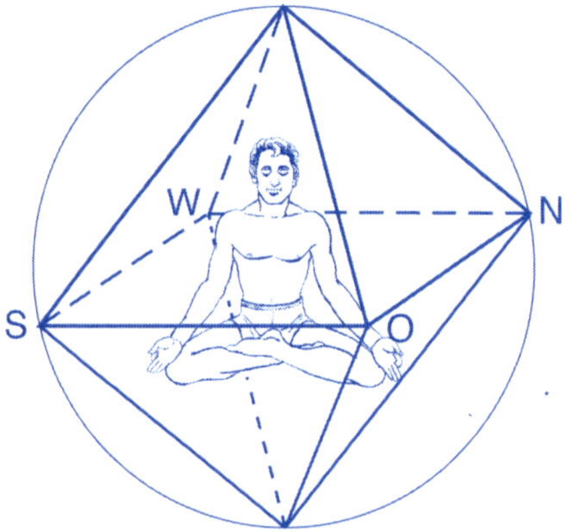

Dem Ritualisten wird empfohlen, nach Osten zu schauen, den Osten zu grüßen und sich vorzustellen, dass der Engel des Ostens ihn in seinem Herzen erreicht. Dann sollte er sich nach Süden wenden und sich die Ankunft des Engels aus dem Süden vorstellen, der ihn ebenfalls im Herzen erreicht. In gleicher Weise wendet er sich nach Westen und Norden und ruft dabei die entsprechenden Energien an. Anschließend erbittet er die Energien der Himmelsmitte und des Nadirs. Aus allen sechs Richtungen verbinden sich die Engel mit dem Ritualisten in seinem Herzen. Dadurch wird eine Doppelpyramide aufgebaut.

Um die Doppelpyramide sollte man sich die Kugel vergegenwärtigen. Die sechs Richtungen bringen die ursprünglichen Energien herein und bilden einen Würfel. Ein Würfel ermöglicht die Manifestation magischer Arbeit.

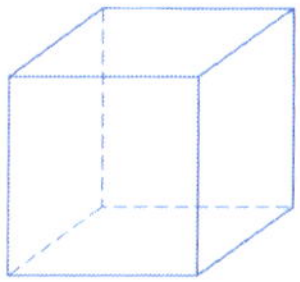

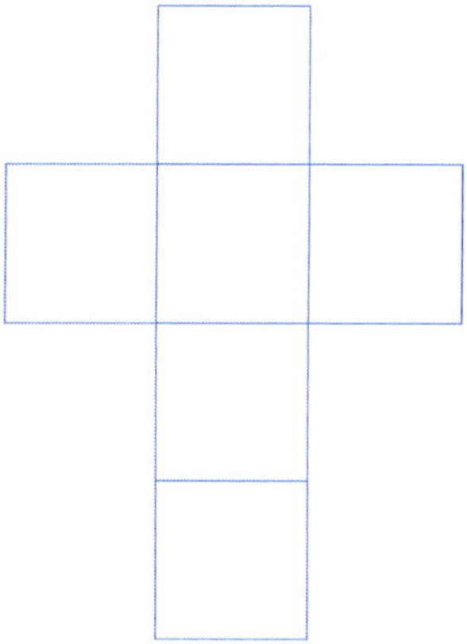

Jeder Würfel hat sechs Seiten: vier rundum, eine oben und eine unten. Er entfaltet sich zum siebenfältigen Menschen. Wenn man den Würfel mit seinen sechs Seiten auffaltet, wird er zu einem Kreuz, das aus sieben Quadraten besteht. Sechs Seiten des Würfels bringen den siebenfältigen Menschen als das kosmische Kreuz hervor, das genau genommen sechs Seiten hat, aber als der Siebenfältige erscheint.

In dem Kreuz mit sechs Quadraten sind eigentlich sieben Quadrate zu sehen. Da das zweite Quadrat in der Horizontale wie in der Vertikalen vorhanden ist, muss es zweimal gezählt werden. Es ist der Kontaktpunkt der zwei Gruppen von kardinalen Punkten.

Die sechsfache Sonnenenergie wird auch als dreidimensionales Kreuz verehrt.

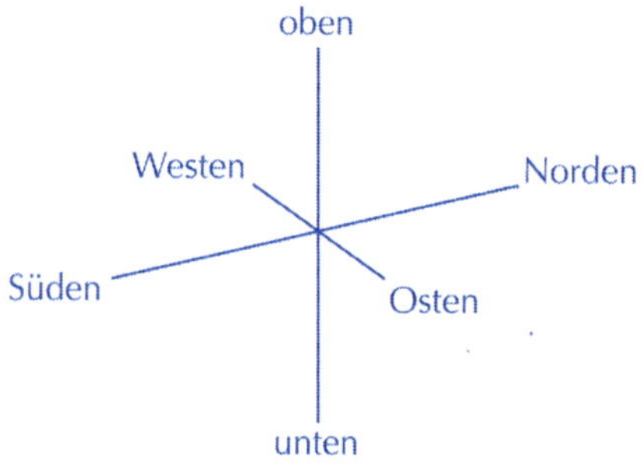

Die zwei Gruppen mit jeweils vier kardinalen Punkten ergeben ein dreidimensionales Kreuz mit vier horizontalen Punkten in einem Quadrat, in dessen Mitte die Himmelsmitte und der Nadir senkrecht herabkommen.

Dieses dreidimensionale Kreuz wird in der modernen Welt so dargestellt:

Dieses Symbol stellte man sich in *vedischen* Zeiten als vierarmige Gottheit vor, deren Kopf und Beine die anderen zwei Eckpunkte bildeten.

Man verehrte diese Gottheit in einer Miniaturform im eigenen Herzen. Diese Form der Verehrung wurde im *Vishnu Purâna* und später in der *Bhagavata Purâna* gegeben.

Die Schüler sollten erkennen, dass die dreifache Sonne als sechsgesichtige Gottheit herabkommt und die Erde sowie die irdischen Lebewesen beschützt. Für die Schüler wäre es gut, diese Energieform zu verehren. Es ist die Gestalt der kosmischen Person, die auch *Virat Purusha,*

Vishnu, kosmischer Christus, Adam Kadmon usw. genannt wird.

Ich überlasse es den Schülern, sich in dieses Thema zu vertiefen, so dass sie sich die Tiefgründigkeit der Sonnenaktivität auf der Erde vorstellen können. Die Sonne gilt für alle Wesen der Erde als die verehrungswürdigste Gottheit.

16. Zahlreiche Möglichkeiten zur Unterteilung des Sonnenjahres

Das dreidimensionale Kreuz hat die Eigenschaften eines Sechsecks und lässt in einem Sonnenjahr 6 Jahreszeiten entstehen.

- Das Jahr wird in 6 Jahreszeiten unterteilt, die jeweils 2 Monate dauern. In den Tropen gibt es 6 Jahreszeiten, in den übrigen Gebieten der Erde gibt es nur 4 Jahreszeiten. Die 6 Jahreszeiten sind Frühling, Sommer, Regenzeit, Blütezeit, Winter und Herbst. Jede Jahreszeit umfasst 60 Tage. In 60 Stunden durchläuft der Mond ein Sonnenzeichen. 60 Minuten sind eine Stunde, und 60 Sekunden sind eine Minute. Die Zahl 6 ist eine außergewöhnliche Zahl und ein Schlüssel, um die Dimensionen des Sonnenzyklus zu enthüllen. 3 und 9 sind zusätzliche Zahlen.
- Die 6 Jahreszeiten werden nacheinander in den 6 Zentren des menschlichen Körpers vom *Ajna* bis zum *Muladhara* herausgearbeitet. Dadurch können wir die Sonnengottheit in uns erfahren und wahrnehmen, dass wir diese Gottheit selbst sind. Das bezeichnet man als die Erkenntnis, dass wir Gottessöhne sind.
- Das Jahr wird in 6 Monate unterteilt, in denen die Sonne aufsteigt (*Uttarayana*) und 6 Monate, in denen die Sonne absteigt (*Dakshinayana*).

- Außerdem unterteil man das Jahr in 3 Teile mit jeweils 4 Monaten, und jeder dieser Abschnitte enthält ein Luftzeichen, ein Feuerzeichen, ein Wasserzeichen und ein Erdzeichen.
- In jedem Jahresdrittel wiederholen sich diese 4 Zeichen in der gleichen Reihenfolge: Feuer, Erde, Luft und Wasser.
- Ihre Neuordnung in uns führt zur Synthese der Vier in der Akasha, dem Fünften.
- Durch die Dreiteilung des Sonnenjahres können wir die *Âkâsha* dreimal erfahren.
- In den *vedischen* Schriften lesen wir von drei *Âkâshas*: *Âkâsha, Mahadâkâsha* und *Parâkâsha*. Sie bilden die Grundlage für die drei Aspekte der Sonne. Solange die vier Elemente, die scheinbar gegensätzlich sind (Wasser – Feuer, Erde – Luft) nicht zusammengeführt werden, können wir das fünfte Element, das der Ursprung der vier Elemente ist, nicht erfahren. Wenn wir mit beiden Gegensatzpaaren gearbeitet haben, so dass sie sich nun ergänzen, kommt es zur Vereinigung jener Elemente. Durch die Bearbeitung lösen sich die Gegensätze auf, und es bleiben Luft und Feuer, die sich ebenfalls gegenseitig

ergänzen. Wenn sie sich vereinen, erhalten wir als Resultat *Âkâsha*.

- Die Wissenschaft der Alchimie ist großartig und erhaben. Von Zeit zu Zeit vereinten Eingeweihte in ihrem Inneren die Elemente und konnten infolgedessen auch die äußeren Elemente zusammenführen. Dadurch waren sie in der Lage, Dinge und Gegenstände erscheinen und verschwinden zu lassen. Mithilfe dieser Wissenschaft konnten sie sogar selbst erscheinen und wieder verschwinden. In den gewöhnlichen Menschen sind diese vier Elemente disharmonisch angeordnet. Deshalb ist das körperliche Dasein für sie nicht sehr angenehm. Der Körper, den sie bekommen haben, muss neu geordnet werden, so dass sie die entsprechende Harmonie finden können. Beim Studieren eines Horoskops kann man erkennen, in welchem anteiligen Verhältnis die vier Elemente in einer Person vorhanden sind. Wenn Feuer und Wasser vorherrschen, folgen daraus Kämpfe im Körper, die die Gesundheit belasten. Wenn feurige Planeten in Wasserzeichen, erdige Planeten in Luftzeichen, wässrige Planeten in Feuerzeichen oder luftige Planeten in Erdzeichen stehen, sollte ein Astrologe Wege und Möglichkeiten vorschlagen, um aus den Gegensätzen Ergänzungen werden zu lassen. Befindet sich beispielsweise der Geburtsmond in einem Feuerzeichen wie Widder, Löwe oder Schütze, dann fühlt sich der Betreffende in seinem Denken nicht wohl. Sein Denkvermögen steht in Flammen. In einem Wasser- oder Luftzeichen fühlt sich das Denkvermögen wohl. Okkultismus und *Yoga*-Praxis dienen dazu, solche Situationen neu zu ordnen und Gegensätze zusammenzuführen. Dadurch erleben die *Yogîs* die *Âkâsha* im Herzen, *Mahadâkâsha* ganz oben an der Stirn und *Parâkâsha* über dem *Sahasrâra*.

- Die dreifache Unterteilung des Sonnenjahres mit seinen zwölf Sonnenzeichen offenbart viele Geheimnisse der Weisheit, wenn man darüber meditiert.
- Man kann das Sonnenjahr auch in vier gleich große Abschnitte von jeweils drei Monaten bzw. 90 Tagen unterteilen. Bei dieser Unterteilung schließt jede Gruppe von drei Monaten nacheinander mit einem Luft-,

Erd-, Feuer- und Wasserzeichen. Beispielsweise umfasst das erste Viertel drei Elemente: Feuer im Widder, Erde im Stier und Luft in den Zwillingen. Ihre Synthese ist im Wasserzeichen zu finden. In ähnlicher Weise kann man die Synthese von Krebs (Wasserzeichen), Löwe (Feuerzeichen) und Jungfrau (Erdzeichen) im Luftzeichen finden. In dieser vierteljährlichen Synthese können die vier Elemente zu ihrer individuellen Synthese gelangen. Durch Verbindung mit den jeweiligen Gegensätzen (Feuer – Wasser und Luft – Erde) kann die *Âkâsha* erkannt werden. Die vierfache Unterteilung ermöglicht 90 Tage Kontemplation über drei Elemente. Dadurch wird die Synthese jedes Elements gewonnen, und in den Luftzeichen findet sie ihren Höhepunkt.

- Um das 4. Element (Luft) der 4. Dimension (*Buddhi*) zu erfahren, kontempliert der Okkultist 90 Tage lang und erwartet die Einweihung um den 91. Tag. Damit erfüllt er die 4 Zyklen in 365 Tagen.
- Das Sonnenjahr wird auch in fünf Teile von jeweils 72 Tagen unterteilt. Man nennt dies

die „Ordnung des Sterns". Fortgeschrittene Eingeweihte führen sie in den Höhlentempeln der Bergregionen durch, um die Magie der Schöpfung als eine Reihe von zusammenwirkenden Manifestationen und Manifestationsauflösungen zu erfahren.

- Ein Gottessohn wird von dem dreidimensionalen, sechsarmigen Kreuz dargestellt, während Gott selbst von einem vierarmigen Kreuz dargestellt wird. In der *vedischen* Weisheit nennt man das dreidimensionale, sechsarmige Kreuz *Kumâra*. Wörtlich bedeutet *Kumâra* „Gottessohn". Der Gottessohn kommt von Gott herab und geht auf Erden umher, um den irdischen Menschen den Weg zu zeigen. Jedes Mal, wenn Gott eine menschliche Gestalt annimmt, wird er ein *Kumâra*.
- Poetisch ausgedrückt: der vierarmige Vierte kommt auf einem Adler herab, um unter den Menschen als sechsgesichtiger Kumara zu leben. Von dem Vogel, dem Adler, wird er dabei unterstützt.
- Symbolisch steht der Vogel für das Prinzip der Pulsierung.

- Der Mensch in Gott steigt mithilfe des aufsteigenden Pulsierungsprinzips empor.
- Gott im Menschen kommt mithilfe des absteigenden Pulsierungsprinzips herab.
- Der Aufstieg des Menschen und das Herabkommen Gottes ist ein Schauspiel, das in der *Sushumnâ* mit Unterstützung des Pulsierungsprinzips durchgeführt wird. Dabei vereint Gott sich mit dem Menschen, und der Mensch wird zum Gottessohn. Diese Arbeit, bei der man sich in einen *Kumâra* umwandelt, wird von dem hexagonalen Prinzip geleitet.

17. Der Sonnentempel

Wir sollten den Würfel sorgfältig betrachten. Er hat 6 Seiten. Jede Seite ist ein Quadrat, und jedes Quadrat hat 4 rechte Winkel.

- Die 6 Seiten des Würfels bilden zusammen 24 rechte Winkel.
- Ein Tag hat 24 Stunden.
- Das Jahr hat 24 Lunationen.
- Die 24 Lunationen sind die aufsteigenden

und zurückgehenden Energien der 12 Monate.

- Die 12 Monate sind eigentlich 6 Paare von je 2 Monaten.
- Die 6 Paare sind im Grunde genommen nur 3.
- Die 3 sind nur 1. Es ist 1 in 3 und 3 in 1, nämlich die Dreiheit von Bewusstsein, Kraft und Materie.
- Der Würfel besteht aus 6 Pyramiden, die sich mit ihren oberen Spitzen an einem Punkt berühren. Die 6 Seiten des Würfels sind die 6 Grundflächen der Pyramiden, und jede dieser Grundflächen ist ein Quadrat. Die 6 Pyramiden, die sich berühren, bilden eine vollkommene Einheit. Ein Würfel ist eine vollkommene Form. Er kann nie verdreht oder seitenverkehrt liegen. Egal auf welche der 6 Seiten er gelegt wird, er sieht immer gleich aus.
- Eine andere vollkommene Form ist die Kugel. Auch die Kugel kann nie verdreht oder seitenverkehrt liegen. Es gibt keine andere Form, die so vollkommen ist wie die Kugel oder der Würfel. Mathematisch betrachtet haben die Kugel und der Würfel die gleichen Eigenschaften.

- Eine Kugel ist nicht-manifestierte Vollkommenheit.
- Ein Würfel ist manifestierte Vollkommenheit.
- In allen magischen und geheimnisvollen Ritualen wird eine Kugel auf einen Würfel gelegt, so dass es unmanifestierter Energie möglich ist, sichtbar zu werden.

Um in einem Ritual die Manifestation vom Subtilen zum Grobstofflichen zu ermöglichen, wird ein Würfel verwendet, und eine Kugel unterstützt die Auflösung einer Manifestation. Für die Umwandlung zur feinstofflichen Ebene werden Kugeln und Kreise benutzt. Würfel verwendet man für die Manifestation subtiler Energien oder um Segenswünsche und Segnungen zu erbitten. In allen ritualistischen Tempeln sind Würfel und Kugeln in Gebrauch. Quadrate und Kreise werden in weniger bedeutenden Tempeln verwendet.

In einem Würfel sind 6 Pyramiden verborgen. Jede Pyramide enthält 4 Dreiecke. Somit enthalten die 6 Pyramiden in einem Würfel insgesamt 24 Dreiecke. Die 24 Dreiecke sind 24 Blütenblätter, und diesen 24 Blütenblättern sind

24 Silben zugeordnet, die das *Gâyatrî Mantra* bilden.

Die *vedischen* Seher glaubten, dass es kein *Mantra* und keine Gottheit gibt, die höher stehen als die *Gâyatrî*. Die *Gâyatrî* wird mit 6 Gesichtern dargestellt, und jedes ihrer Gesichter hat 3 Augen. Das Geheimnis hinter solchen Darstellungen sind die Eigenschaften des Würfels und der Kugel. Mit dem *Gâyatrî-Mantra* über eine Kristallkugel zu meditieren, ist eine Praxis, die schon im Altertum bekannt war. Diese Art der Meditation ermöglicht Einsicht und Erkenntnis.

Die *vedischen* Seher waren davon überzeugt, dass man Vollkommenheit erreichen kann, wenn man über die *Gâyatrî* kontempliert und sich ihre Energie vergegenwärtigt.

Man erlangt allseitige Vollkommenheit, wenn man über die Sonnenenergie mithilfe der Form eines Würfels, einer Kugel oder einer Abbildung der *Gâyatrî* meditiert. Auf dem Bild der *Gâyatrî* sieht man nur 5 Gesichter, denn das 6. Gesicht ist verborgen. Genauso ist es auch beim Würfel.

Es ist interessant festzustellen, dass auf allen Bildern, die es von der *Gâyatrî* gibt, nur 5

Gesichter zu sehen sind. Auch wenn wir einen Würfel sehen, erkennen wir nur die vier Seiten rund um die oben liegende fünfte Seite. Die untere Seite, auf der der Würfel liegt, können wir nicht sehen.

Die Inder sprechen von der fünfgesichtigen *Gâyatrî*. Das ist die exoterische Betrachtung. In Wirklichkeit hat die *Gâyatrî* sechs Gesichter, denn ein Gesicht bleibt immer verborgen.

Ohne das *Âjnâ*-Zentrum ist der Mensch mit den übrigen fünf Zentren (*Visuddhi, Anâhata, Manipûraka, Swâdhistana, Mûlâdhâra*) nicht vollständig.

Es gibt auch *Hanumân, Ganesha* und andere Gottheiten mit fünf Gesichtern. In all diesen Fällen sollte sich ein esoterischer Schüler die unsichtbare Dimension dazu vorstellen. Sich das Unsichtbare durch das Sichtbare zu vergegenwärtigen, ist Okkultismus.

Auf einer Abbildung der *Gâyatrî* sind zwischen dem äußeren rechten und dem äußeren linken Gesicht drei Gesichter zu sehen. Das äußere rechte Gesicht steht für die solare Energie und das äußere linke Gesicht für die lunare Energie. Zwischen diesen beiden Gesichtern verkörpern die anderen drei Gesichter den Ersten, Zweiten und Dritten Logos.

Das solare Gesicht hat die Farbe des Sonnenlichts (strahlendes Licht, diamantener Strahl). Das lunare Gesicht hat die Farbe des Mondlichts (den sanften milchweißen Strahl der Perle). Die drei Gesichter dazwischen, die den Ersten, Zweiten und Dritten Logos darstellen, sind von roter, blauer und goldener Farbe.

Das sechste Gesicht, das nach hinten schaut, ist jenseits von Zahl, Farbe und Klang.

Für den Augenblick reicht es festzustellen, dass die essentielle Energie, die die Grundlage der Schöpfung bildet, als solare und lunare Energie durch die kosmische, solare und planetarische Sonne herunterkommt. Ein intelligenter Schüler sollte diese Energien auf sein eigenes System beziehen und dadurch kosmisches Bewusstsein erlangen.

Ein Meister der Weisheit wird symbolisch als Würfel dargestellt, da in ihm all diese Dimensionen in gleicher Weise vorhanden sind. Mit gleichbleibender Glückseligkeit arbeitet er mit allen fünf Elementen sowie mit ihrem Ursprung, und in allen drei Welten arbeitet er mit uns.

Ein Jünger wird durch einen Ziegelstein dargestellt, in dem die gegenüberliegenden Seiten gleich sind. Auch der Ziegelstein hat sechs Seiten wie der Würfel, aber nicht alle Seiten sind gleich, sondern nur die jeweils gegenüberliegenden. Wenn in einem Ziegelstein mit sechs Seiten die gegenüberliegenden Seiten gleich sind, bilden sie drei Paare. Somit ist der Ziegelstein auf dem Weg, zu einer Dreiecksenergie zu werden, auch wenn in solch einem Dreieck die drei Winkel nicht gleich sind. Bei einem Würfel sind die drei Winkel des Dreiecks gleich groß. Das erklärt den Unterschied zwischen einem Meister und einem Jünger. In einem Würfel sind alle sechs Seiten gleich. Bei einem Ziegelstein sind Breite und Länge unterschiedlich groß, und die Höhe hat noch ein anderes Maß. Das ist bei einem Würfel nicht der Fall. Zweifellos lässt ein Jünger Dreiecksenergie erkennen, aber nicht die Energie eines gleichseitigen Dreiecks. Zumindest sind im Jünger die gegenüberliegenden Seiten gleich, das heißt, er akzeptiert die Dualitäten des Lebens. Von Annehmlichkeiten oder Unannehmlichkeiten, Schmerz und Freude, Gewinn oder Verlust, Erfolg oder Fehlschlag, schlechten oder guten Zeiten wird er nicht beeinflusst. Wer in allen Lebenssituationen ausgeglichen bleibt, ist ein Jünger. Symbolisch gesprochen ist er ein Ziegelstein.

Aspiranten sind all jene, die sich in der Entwicklung zum Jünger befinden. Sie haben das Potential, Jünger zu werden, falls sie bereit sind, sich dementsprechend zu formen und zu entwickeln. Jüngerschaft besteht darin, einem unregelmäßig geformten Stein die Form eines Ziegelsteins zu geben. In einem Stein kann man sich einen Ziegelstein vorstellen und die unebenen Teile entfernen. Aus einem unebenen Stein entsteht ein gleichmäßig geformter Ziegelstein, der für den Bau eines Tempels verwendet werden kann. Wer einen Tempel bauen will, schafft Ziegelsteine herbei und setzt sie nach einem bestimmten System aufeinander.

Ein Meister der Weisheit sammelt eine Gruppe Steine um sich, schleift und formt diese Steine zu Ziegelsteinen und baut den Tempel nach einem Plan. Es ist leicht, einen Tempel aus echten Ziegelsteinen zu bauen, aber es ist nicht leicht, einen Tempel aus menschlichen Ziegelsteinen zu errichten. Unebenmäßige Menschen müssen zur

Ebenmäßigkeit geführt werden, entwickelt und in eine Form gebracht werden, gehöhlt, gekerbt und geriefelt werden, so dass eine Bruderschaft gebildet werden kann. Dieser Arbeit widmeten sich große Meister wie Pythagoras, der die pythagoreische Gemeinschaft bzw. Bruderschaft begründete. Die Verbundenheit und Gemeinschaft der Jünger ist die Grundlage zur Verwirklichung der Bruderschaft.

Wenn ein Tempel gebaut wird, ist jeder Stein fest mit dem anderen verbunden. Doch in einer Gruppe seltsamer, befremdlicher Aspiranten, die grundverschieden, gegensätzlich und sich nicht sympathisch sind, ist in Bezug auf die eigene Umgestaltung und Umwandlung noch viel zu tun. Die Schritte zum Eintritt in den Bereich der Sonne sind: vom Stein zum Ziegelstein und vom Würfel zur Kugel.

18. Die Sonne, die Einweihende

Wir oben dargelegt, verursacht die dreifache Sonne, die von unserer sichtbaren Sonne dargestellt wird, die vier kardinalen Punkte auf der Erde.

Durch die vier kardinalen Punkte kommt die dreifache Sonne in Form von sieben Prinzipien herab.

- Die sieben Abstufungen des kosmischen, solaren und planetarischen Lichts erscheinen als sieben Prinzipien durch die sieben Strahlen auf der Erde.
- Somit findet man auf der Erde sieben Materie-Abstufungen.
- Unser Körper enthält vom Sperma bis zu den Knochen sieben unterschiedliche, gestaffelte Gewebearten.
- Die sieben Strahlen der Sonne bewirken die siebenfältigen Erscheinungsformen von Licht und Klang in Siebener-Abstufungen, denn die sieben Abstufungen des Lichts kommen aus den sieben Klängen hervor.
- Alle Mineralien dieser Erde sind in sieben Gruppen unterteilt.
- Die Materie hat sieben verschiedene Dichte-Grade.
- In sieben Schritten tritt ein Planet in Erscheinung und entschwindet wieder. Die Beschaffenheit der siebenfältigen Manifestation im gesamten Universum geht auf die Tätigkeit der Sonne zurück.

- Die Sonne ist auch der Durchgang von unserem Sonnensystem in höhere Systeme.
- Auf unserer Erde gibt es ein Sonnenzentrum. Es wird *Shambala* genannt und bildet den Weg, der von unserer Erde hinaus führt.
- Das höchste Sonnenzentrum im Menschen ist das *Sahasrâra*. An diesem Punkt kann der Mensch die höchste Erleuchtung seiner Sonne erfahren.
- Wenn der Mensch senkrecht auf der Erde steht, richtet sich der Weg seines Kopfes auf seinen Meridian aus. Steht die Sonne zur Mittagszeit in ihrem Meridian, hat der Mensch die Gelegenheit, sich in eine Linie mit der Sonne zu stellen. Wenn die Verbindung aufgebaut ist, findet die Einweihung statt.
- Als höchster Punkt der Erleuchtung gilt der Widder, denn dieses Zeichen stellt den Kopf des Menschen dar.
- Für jeden Menschen ist sein Meridian der Ort seiner Einweihung. Darin liegt ein Hinweis für uns, die Himmelsmitte in unserem Horoskop zu ermitteln. Die Tage, in denen die Sonne die Himmelsmitte überschreitet, bezeichnen die Zeit der Einweihung.

- Wer den Aszendent im Steinbock hat, erlebt die Himmelsmitte in der Waage. Eine solche Person erzielt die besten Ergebnisse, wenn sie während des Aufenthalts der Sonne in ihrer Himmelsmitte meditiert.
- Bei einem Krebs-Aszendenten hat man die Himmelsmitte (das 10. Haus) im Widder. Meditiert man während des ganzen Widder-Monats um die Mittagszeit, erfährt man höchst wohltuende Meditationen.
- Der Grad des Aszendenten bestimmt den Tag der Einweihung im 10. Sonnenzeichen. Hat man den Aszendenten bei 15° Steinbock, ermöglicht die Meditation eine Einweihung, wenn die Sonne 15° in der Waage überquert. Zumindest erlebt man eine gewisse Erkenntnis.
- Jede Erleuchtung ist eine Einweihung. Wenn die Sonne auf unserem Meridian steht, haben wir eine günstige Gelegenheit, eine Verbindung zur Hierarchie zu bekommen. Der Tag vorher und nachher ist ebenso wichtig. Daher sollten wir uns insgesamt drei Tage für die mögliche Verbindung mit der Hierarchie und die entsprechende Erleuchtung und Einweihung frei halten.

- Das individuelle Sonnenzentrum und das Sonnenzentrum im Universum entsprechen einander. Beide sind wie die zwei Beine eines Zirkels. Sie sind in dem Quadrat verborgen, das ausgehend vom eigenen Meridian die vier kardinalen Punkte miteinander verbindet.
- Sobald ein Mensch geboren wird, gibt es dieses Quadrat. Der Mensch befindet sich im Zentrum des Quadrats und neutralisiert es, wenn er im Sonnenzentrum steht.
- Das Schauspiel dieses Universums wird von der Sonne als die Weisheit der Schöpfung offenbart, wenn wir mit dem Sonnenzentrum in uns verbunden sind.
- Aus diesem Grund sagt man, dass ein *Yogî* das Sonnenzentrum durchqueren muss, um die Weisheit der höheren Ebenen zu enthüllen, die bis dahin verborgen war.
- Seit Urzeiten gibt es in der Welt eine Fülle von Ritualen in Zusammenhang mit der Sonnensymbolik. Wird das individuelle Sonnenzentrum durch eine Verbindung zur universalen Sonne erleuchtet, dann wird die universale Sonne im individuellen Son-

nenzentrum eingesetzt. Die Ersatz-Wahrheit, die der Mensch lebt, erhält die ursprüngliche Wahrheit und die entsprechenden Strukturen zurück.

Das Quadrat, das bei seiner Geburt entsteht, richtet sich auf das Quadrat der Sonne aus, so wie es auf der Erde existiert. Das Quadrat der Sonne auf Erden wird wiederum dreifach betrachtet, nämlich als das veränderliche, fixe und kardinale Kreuz. Das kardinale Kreuz ist das himmlische Kreuz. Ist dieses Kreuz im Menschen gebildet, dann richtet er sich auf den Plan aus und arbeitet in Übereinstimmung mit ihm.

- Dadurch schwindet das Ego und die Seele strahlt hervor. Man nennt es das Ritual, in dem der Kopf abgeschnitten wird. Nach diesem Ritual arbeitet der Mensch für den göttlichen Plan und nicht mehr für sich selbst. Sein individueller Plan hat sich aufgelöst, und er lässt sich von nun an nur noch vom göttlichen Plan leiten.
- Ein Mensch hat drei Quadrate: ein Quadrat der Vergangenheit, das auf dem Mond beruht, ein Quadrat der Gegenwart, das auf

dem Aszendenten beruht und ein Quadrat der Zukunft, das er auf der Sonne aufbaut. Beständige Meditation in Bezug auf diese drei Quadrate an jenen Tagen, während die Sonne seinen Meridian überquert, gibt die Möglichkeit, die individuellen Quadrate auszugleichen und in dem Licht-Quadrat der Sonne zu stehen. Die Schlüssel, die die Astrologie entwickelt, sind zu erhaben, um sie in diesem Zusammenhang exakt auszuführen. Ein Schlüssel zur Einweihung wurde in dem oben Dargelegten gegeben.

19. Die Sonne, die Lebensspenderin

Durch die Aktivität der Sonnenenergie wird die Erde zu einem Magneten.

- Zwei unterschiedliche sonnenenergetische Schwingungsarten werden von der Erde durch den Nordpol und den Äquator aufgenommen.
- Der Nordpol empfängt die Energien über den Polarstern, während der Äquator sie von der Sonne erhält.

- Die Erde nimmt die Sonnenenergie vertikal durch den Nordpol und horizontal durch den Äquator auf.
- Aufgrund ihrer verschiedenen Eintrittspunkte entwickeln die zwei Energieströme unterschiedliche Schwingungen. Sie treffen im rechten Winkel im geometrischen Zentrum unserer Erde aufeinander.

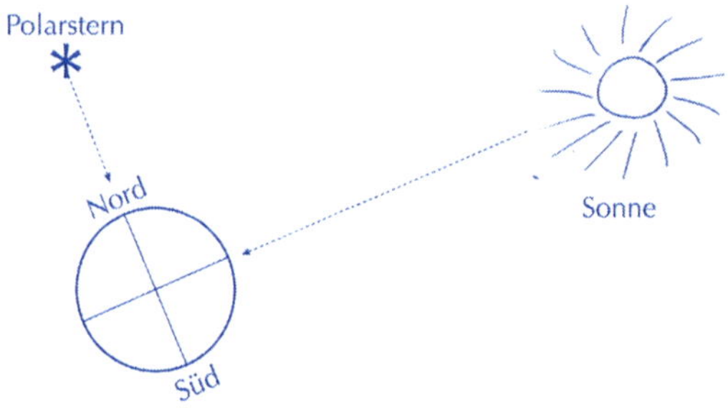

- Dieser Treffpunkt lässt die magnetischen Ströme entstehen, die vom Zentrum ausgehen und bis zur Oberfläche des Planeten reichen.
- Die senkrechten Strömungen werden von dem Polarstern *Dhruva* und die horizontalen Strömungen werden von der Sonne geführt. In den *Purânen* wird der verborgene rechte

Winkel, der auf der Erde gebildet wird, als *Uttânapâda* (das erhobene Bein) bezeichnet.

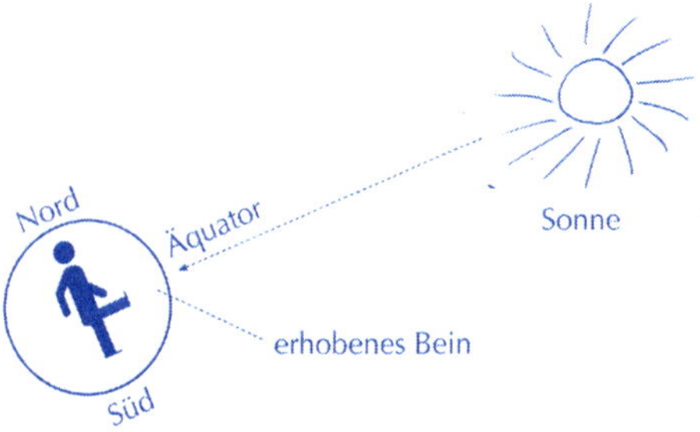

- Jene Energien, die über den Polarstern durch den Nordpol herabfließen, benutzen die *Jivas* (die ewigen Egos), um herabzukommen und die Seelen auf der Erde zu werden.
- Die Energien, die durch den Äquator hereinfließen, bilden die Lebensenergie, die die Seele umgibt, so dass sie einen Vitalkörper aufbauen kann. Mithilfe dieses Vitalkörpers erhalten die Wesen auf der Erde ihren Körper, indem sie Anteile von den fünf Elementen der Erde zu sich heranziehen.
- Wenn sich die Erde auf ihrer eigenen Achse dreht, dient der scheinbare Kreis des täglichen Sonnenlaufs als aufgeladene Licht-

spule. Das macht die Erde zu einem Magneten. Die Drehung der Erde dient ebenfalls dazu, diesen Magneten zu bilden, denn sie bewirkt die elektrische Aufladung in den ätherischen Strömungen um die Erde, die die Pole berühren.

- All diese ätherischen Strömungen kommen aus dem inneren Zentrum unserer Erde hervor. Sie steigen auf und umfassen die Erde. Diesen Vorgang nennt man das „Hervorkommen der aufsteigenden Strömung". *Uttânapâda* bedeutet „emporgehobenes Bein". Die aufgestiegenen ätherischen Strömungen umrunden die Erde und berühren dabei die zwei Pole.
- Die elektrische Ladung, die auf diese Weise entsteht und sich durch die Induktionsspule der ätherischen Strömungen ausbreitet, manifestiert sich als Vitalkörper der Erde.
- Dieser Vitalkörper wird an die hereinkommenden *Jivas* verteilt, die die Erde besuchen.
- Diese ganze Arbeit geschieht unter der Aufsicht der Sonnengottheit bzw. der Sonne. Sie führt die Aufsicht, beobachtet alles und bringt den Plan auf Erden in die Objektivität.

Kapitel 4

20. Das fünfte Haus

Unter den zwölf Sonnenzeichen des Tierkreises steht die Sonne im Widder erhöht. Als ihr Zuhause gilt das Zeichen Löwe, in dem sie die Regentschaft hat. Ihr Geburtsort ist der Steinbock, und im Krebs erlebt sie ihren Fall. Ihr Sterbezimmer ist der Skorpion, das achte Haus. Die Reise der Sonne durch die zwölf Sonnenzeichen ist überaus interessant.

Löwe, das fünfte Zeichen des Tierkreises, entspricht dem Zentrum über dem Zwerchfell. Es wird als die Höhle des Löwen bezeichnet. Ein Aspirant muss in seinem Verhalten unbedingt großmütig, liebevoll, fürsorglich und geradlinig sein, so dass er die Möglichkeit hat, die Energie der Sonne im Löwen, das heißt in der Höhle des Löwen zu erfahren. Dies ist der fundamentale Schritt. Erst dann, so sagt man, ist er in seinem ursprünglichen Wohnort zu Hause. Der Aufenthalt im Herzen gilt als Wohnen im eigenen Haus. Andere Wohnorte sind für einen Schüler des

Lichts nicht so wichtig. Die Suche nach besseren und bequemeren Wohnungen ist ein endloses Spiel, bis man lernt und Fortschritte macht, um in der Höhle des Löwen zu wohnen, die das eigene Herzzentrum ist. Der Mensch, der auf Erden geboren wurde, muss in seiner eigenen Löwen-Höhle wiedergeboren werden. Dadurch wird es ihm möglich, sich als Gottessohn wahrzunehmen und die Geheimnisse der Höhlen zu erfahren. Wer in sein eigenes Herz eintritt, empfängt den Schlüssel zur Zahl 5. Wer diesen Schlüssel durch hingebungsvolles, begeistertes Training erhält, für den sind die Lehrer in der Höhle zugänglich, um ihm bei der richtigen Anwendung dieses Schlüssels zu helfen.

In diesem Stadium wird das Leben des Menschen zu einem Buch, und Kapitel für Kapitel liest er sein eigenes Leben. Jedes Kapitel enthüllt etwas mehr von seiner eigenen Natur. Es gibt fünf solcher Kapitel oder Bände, die man in umgekehrter Reihenfolge liest, um die Sonne als Ich Bin wahrzunehmen. Übereinstimmend mit dem, was die fünf Bände enthüllen, steigt man von der Höhle des Herzens zum *Âjnâ* empor. Das *Âjnâ*-Zentrum ist der Thron (im Widder), den man einnehmen soll. Man inthronisiert sich selbst, regelt und bestimmt sein Leben selbst und beschützt das Leben ringsum. Auf diese Weise lebt man im eigenen Inneren erhöht, genauso wie die Sonne im Widder erhöht ist.

Die Welt der fünf Elemente ist mit dem Menschen durch seine fünf Sinne verbunden. Mithilfe der fünf Sinne begibt sich der Mensch in die Welt, und er geht so weit, dass er sich in ihr verfängt und verstrickt. Er entwickelt Wurzeln in der Welt und verfehlt infolgedessen das Zentrum im Inneren, in dem er zu Hause ist. Daher muss die Ausbreitung des Menschen durch seine fünf Sinne rückgängig gemacht werden. Es ist so, als würden wir unsere fünf Finger von einem Gegenstand wegziehen, so dass sie nicht zugreifen können. Statt nach der Welt zu greifen, sollten wir die Finger zurückziehen, damit sie nach dem inneren Zentrum greifen. Vorher können wir nicht in das Reich des Lichts eintreten. Das fünfte Zeichen Löwe ist das erste Einweihungshaus, das viele Geheimnisse birgt. Um sie zu entschlüsseln, sollten wir zuerst in das Haus der Geheimnisse hineingehen. Deshalb sprechen alle Schriften durchgängig vom Eintreten in das Herz, das heißt in das fünfte Haus.

Wenn wir in das fünfte Haus eintreten, heißt es, dass wir wiedergeboren wurden. Wir denken, sprechen und handeln ganz neu. Wir lernen von neuem, um frische Gedanken zu erhalten, die wir dann in Worte und Handlungen umsetzen. Von nun an sind wir nicht mehr dieselben. Wir haben uns verändert. Wer in die Höhle eintritt, ist ein anderer als der, der längere Zeit in der Höhle bleibt und dann zurückkehrt. Er bringt die Berührung durch das Licht in der Höhle mit. In der Höhle zu bleiben ist wichtiger als aus ihr in die Objektivität zurückzukehren. Die Schüler sind allzu schnell dabei, aus der Höhle in die Objektivität zurückzugehen. Wer in der Höhle bleibt und in ihr wohnt, nimmt darin viele Dinge wahr. Er findet geheime Wege und auch einen senkrechten Lichtweg. Wer in seinem Haus bleibt, erfährt viel mehr Einzelheiten über die Lebensbedingungen zu Hause. Wenn wir uns nicht zu Hause aufhalten, sind wir nicht in der Lage, die Möglichkeiten und Schwierigkeiten des eigenen Hauses kennenzulernen.

Es gibt zahlreiche Geheimnisse des fünften Zeichens Löwe. Wir können sie erfahren, wenn wir uns bemühen, in die Höhle in unserem Inneren einzutreten.

Aspiranten sind an den Geheimnissen der Schöpfung interessiert. Kein Geheimnis offenbart sich von selbst, solange wir uns nicht selbst mit einsetzen, um an uns selbst zu experimentieren. Wir müssen ein inneres Kleid entwickeln. Zu Anfang ist es von goldener Farbe. Bis das Kleid angefertigt ist, müssen wir viele Stunden in Meditation verweilen. Dieses Kleid wird oft „das Gewand" genannt.

Auf dem Weg zu seinem Haus, dem Herzzentrum, begegnet ein Aspirant des Lichts fünf Wegelagerern. Mit jedem Wegelagerer, den er überwältigt, wird ihm ein Band im Buch der Schöpfung enthüllt. Die oben genannten fünf Bände werden ihm nach und nach offenbart, wenn er die fünf Wegelagerer überwunden hat.

- Band 1 zeigt ihm den ersten Wegelagerer: das Verlangen. Wenn das Verlangen in Willen umgewandelt wird, können wir unser Lebensziel erfüllen. Verlangen lenkt vom Ziel ab. Es ist der erste Wegelagerer. Wir begreifen das Leben anders, wenn der Wille an die Stelle des Verlangens tritt.

- Der zweite Wegelagerer ist die Ablehnung, der negative Aspekt des Verlangens. Er verhüllt den zweiten Band. Wer die Ablehnung überwindet, wird neutral, und in dieser Neutralität offenbart der zweite Band der Schöpfung seine Schönheit.
- Der dritte Wegelagerer ist der Egoismus. Durch einen stark ausgeprägten Egoismus neigen wir zur Absonderung. Wir entwickeln Stolz auf uns selbst und Vorurteile gegenüber anderen. Dieser Wegelagerer wird dadurch überwunden, dass wir den Einen in allen sehen, und dann offenbart der dritte Band die Geheimnisse der Schöpfung.
- Der vierte Wegelagerer, die Unwissenheit, verschwindet und Wissen kommt zum Vorschein, wenn eine Offenbarung nach der anderen geschieht.
- Schließlich ist noch ein Wegelagerer übrig. Er verkörpert den Wunsch, im Körper und auf der Erde zu leben. Mit zunehmendem Wissen erkennen wir das Gesetz der Natur, dass alles, was geboren wurde, sterben muss. Wir

erkennen auch, dass wir nicht sterben, während alles stirbt, was sich um uns entwickelt hat. Nachdem dieser Wegelagerer überwunden wurde, leben wir im goldenen Licht, und das Gewebe des goldenen Lichts wird unser Gewand. Auf diese Weise werden wir in das fünfte Haus eingeweiht und können nun weiter zu den höheren Einweihungen vordringen. Das fünfte Haus wandelt einen Sohn des Menschen in einen Gottessohn um, indem es die erforderliche fünffache Umwandlung stimuliert. In einem Gottessohn arbeiten die fünf Sinne, die fünf Elemente und die fünf Handlungsorgane viel besser und beglückender.

21. Der Bau von Häusern, Tempeln und Pyramiden

Wer eine Kultstätte oder ein Gotteshaus genau betrachtet, wird feststellen, dass dieser Ort der Anbetung folgendermaßen aufgebaut ist:

- Ein Dreieck ruht auf einem Quadrat oder auf einem Rechteck.

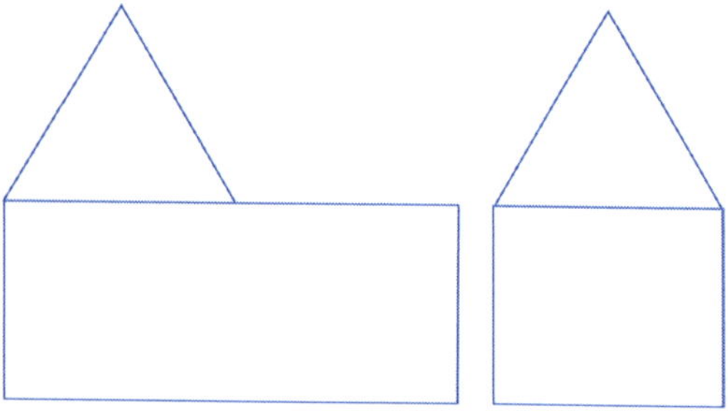

Aus der Welt der Verschiedenheit kommt der Mensch zum Ort der Anbetung und betet in einem Tempel oder einer Kirche, um die Einheit des Lebens zu finden. Ausnahmslos ist jeder Tempel, jede Kirche und jeder Ort der Anbetung so gebaut, dass sich ein Kuppelgewölbe, das von der Seite wie ein Dreieck aussieht, über einem rechteckigen oder quadratischen Raum erhebt.

Selbst Häuser werden mit einem dreieckigen Dach über einer quadratischen oder rechteckigen Grundfläche gebaut. In Übereinstimmung mit dem Rückgang und Verfall des Wissens im Lauf der Zeit bauen die Menschen heutzutage Häuser wie Klötze oder Kästen. Ihnen fehlt das Dach, das von der Seite wie ein Dreieck aussieht. Nur das Quadrat oder das Rechteck ist geblieben. Ein kastenartiges Dach lässt keine vereinigende Energie in das Haus, anders als ein dreieckiges Dach. Wenn das Dreieck über dem Quadrat fehlt, gleicht das einem Körper ohne Kopf, einer Persönlichkeit ohne Seele. Das Dreieck steht für den Kopf mit den drei Qualitäten der Seele. Und der Körper ist das Quadrat, in dem die drei Qualitäten reflektiert werden, um die Persönlichkeit hervorzubringen. Das Quadrat der Persönlichkeit muss von dem Dreieck der Seele geführt werden. Allein das Denken, die Sinne und der Körper machen noch kein Wissen zugänglich, solange keine Verbindung mit dem Licht der Seele und der Seele aufgebaut wurde. Ohne Kopf ist weder das Licht noch die Seele da, sondern ein Körper, den es zum Essen, zum Geschlechtsverkehr und zum Schlafen drängt. Der menschliche Körper ist ein potentieller Tempel, in dem die dreifache Sonne durch das Dreieck in das Quadrat der Persönlichkeit leuchtet und die Tätigkeit der zwölf Aspekte der Sonnenenergie im ganzen menschlichen System ermöglicht.

Mit großer Begeisterung reisen Leute zu den Pyramiden in Ägypten, Mexiko und Peru. Sie reisen auch zu den alten Tempeln in Indien und auf den östlichen Inseln im Pazifik und versuchen die Erhabenheit ihrer Bauten zu studieren. Das innere Bewusstsein führt sie, so dass sie diese Bauten besuchen und genau betrachten, die prinzipiell die Form eines Dreiecks über einem Quadrat haben. Die Leute fühlen sich dazu angetrieben, und weil die Seele danach verlangt, das Energiesystem im Körper mit seinen 7 Prinzipien (3 + 4, Dreieck und Quadrat) aufzubauen, werden sie zu diesen Bauten hingezogen. Heute gibt es ebenfalls eine Bewegung, pyramidenartige Hütten zu bauen, hineinzugehen und zu meditieren. Die Teilnehmer nennen sich Pyramiden-Gesellschaften. Leider erkennen die Menschen überhaupt nicht, dass sich die Pyramide in ihrem Inneren befindet. Wir können uns mit den vier kardinalen Punkten im Osten, Westen, Norden und Süden verbinden, bilden selbst das Zentrum und verbinden dann alle Punkte über unserem Kopf, um zu meditieren. Auf diese Weise können wir eine Pyramide um uns bauen und meditieren. Eine Pyramide, die wir mit Gedankenmaterie um uns aufbauen, hat eine viel stärkere Wirkung als eine Pyramide aus Lehm und Mörtel, in die wir hineingehen.

Die Pyramide aus Gedankenmaterie ist magnetischer und stärker elektrisch aufgeladen als eine Pyramide aus dichter Materie. Es ist ein ganz eigenes Ritual, während des Sonnenaufgangs eine Pyramide um uns zu errichten und darin zu sitzen, um die Energie der dreifachen Sonne zu erhalten. Jeder wahre Indoeuropäer (*Âryan*) kontempliert auf diese Weise morgens, mittags und abends. Nach dieser Kontemplation singt er das *Gâyatrî-Mantra*, um das hereinströmende Licht zu erleben. In einer dreieckigen Kuppel mit quadratischer Grundfläche zu sitzen hat viel intensivere Wirkung als in einem rechteckigen oder quadratischen Raum zu sitzen.

Bei einem Tempel manifestiert sich die Dreiecksenergie in dem viereckigen Bau. Der Tempel ermöglicht fortwährende Manifestation der subtilen Energie in der gröberen Welt. Das Quadrat bewirkt die Manifestation, und das Dreieck aktiviert den Einstrom der Energien.

Mose, der in die ägyptischen Tempel eingeweiht war, organisierte Meditationszelte. Sie hatten vier Pfähle an vier Ecken und in der Mitte einen senkrechten Pfahl, der das Dach emporhob, so dass das Zelt einer Pyramide glich.

Von der *buddhischen* Ebene aufwärts gibt es in den Menschen die Einheit, und von der mentalen Ebene abwärts herrscht die Verschiedenheit. Wenn *Buddhi* und das Denkvermögen aufeinander ausgerichtet sind, wird der Tempel gebildet. Die essentielle zusammenführende und einende Energie manifestiert sich über die *buddhische* Ebene bis zur Mentalebene. Das Denken ermöglicht ihr Erscheinen bis zur physischen Ebene. Die ganze okkulte Arbeit beginnt an jenem Punkt, wo sich Denken und *Buddhi* aufeinander ausrichten. *Buddhi* ist das Licht der Seele, und das Denken ist das Licht der Persönlichkeit. Wenn beide vereint sind, kann das Reich Gottes auf die Erde gebracht werden, und Gott geht als Gottessohn auf der Erde umher.

Nur wenn *Buddhi* und das Denkvermögen aufeinander ausgerichtet sind, erkennen wir die

Schönheit der Verschiedenheit. Vor dieser Erkenntnis erfahren wir aufgrund der Verschiedenheit komplizierte Situationen und ein verworrenes Leben. Durch das Denkvermögen können wir die Verschiedenheit wahrnehmen. Es besitzt die Fähigkeit zur Analyse. *Buddhi* hat die Fähigkeit, Unterschiedlichkeiten zu vereinigen und Einheit wahrzunehmen. In Verbindung mit der dreifachen Sonne kann *Buddhi* den Plan herunterbringen und ihn mithilfe des Denkens auf Erden manifestieren. Dies ist das Thema aller Meister der Weisheit, wenn sie über das Reich Gottes auf Erden sprechen. Früher strebten die Menschen nach individueller Erlösung und zogen sich von der Welt zurück. Einen solchen Rückzug aus der Welt kann man als das Zurückführen des rechteckigen Raums auf ein Quadrat betrachten. Die Menschen lösten ebenfalls die Persönlichkeit auf, indem sie emporstiegen. Zu diesem Zweck stiegen sie in das Dreieck empor, erreichten seine Spitze und lösten sich im Allgegenwärtigen auf. Entsprechend dem göttlichen Plan kamen sie auch herab, um den Tempel wieder aufzubauen.

Heute legt man besonderen Nachdruck darauf, im Herzen zu verweilen, das der Treffpunkt von *Buddhi* und *Manas* ist und gleichzeitig in die höhere Welt aufzusteigen und sich durch ein Leben des Anbietens in die Umgebung zu erweitern.

Dies meint der Wassermann-Meister, wenn er im Wassermann-Zeitalter von gleichzeitiger Ausdehnung in alle Existenzebenen und von gleichzeitiger Existenz auf allen Ebenen spricht. Dabei sollten wir beachten, dass nur die sieben Unterebenen der kosmisch physischen Ebenen gemeint sind, wenn von allen Ebenen gesprochen wird.

22. Drei Sonnen durch zwölf Sonnenzeichen

Durch innere Kontemplation sollten wir den dreifachen Aspekt der Sonne wahrnehmen. Die Dreiheit, die von einem Dreieck dargestellt wird, ist eigentlich eine Einheit. Die kosmische, solare und planetarische Sonnenenergie arbeitet in Form der zwölf Sonnenzeichen im Tierkreis. Die Kenntnis des Tierkreises mit zwölf Sonnenzeichen und drei Sonnen kann nicht vollständig sein, solange wir nicht die Einheit in ihrem dreifachen Aspekt durch Kontemplation erkennen. Die Dreiecksenergie bringt durch die Zahl 4 die Manifestation verschiedener Universen hervor.

Die 3 Sonnen zeigen sich durch die 4 Elemente, um 12 Sonnenqualitäten in einem Tierkreis herauszubilden. Wie bereits erwähnt, ist der Tierkreis in 3 Gruppen mit jeweils 4 Elementen (Luft, Feuer, Wasser und Materie) angeordnet. Durch die 3 Luftzeichen, die 3 Feuerzeichen, die 3 Wasserzeichen und die 3 Erdzeichen sind die 3 Sonnen anwesend.

Die Tabelle erklärt die Anordnung der 3 Sonnen durch die 4 Elemente.

Sonnen	kosmisch	solar	planetarisch
Luft	Wassermann	Zwillinge	Waage
Feuer	Widder	Löwe	Schütze
Wasser	Fische	Skorpion	Krebs
Materie	Steinbock	Jungfrau	Stier

Im Aufbau des Tierkreises sehen wir, dass dem Widder, der zum kosmischen Feuer gehört, der Stier folgt, der zur planetarischen Materie gehört. Der planetarischen Materie des Stiers folgt die solare Luft der Zwillinge usw.:

1.	Widder	–	kosmisches Feuer
2.	Stier	–	planetarische Materie
3.	Zwillinge	–	solare Luft
4.	Krebs	–	planetarisches Wasser
5.	Löwe	–	solares Feuer
6.	Jungfrau	–	solare Materie
7.	Waage	–	planetarische Luft
8.	Skorpion	–	solares Wasser
9.	Schütze	–	planetarisches Feuer
10.	Steinbock	–	kosmische Materie
11.	Wassermann	–	kosmische Luft
12.	Fische	–	kosmisches Wasser

In dieser Anordnung des Tierkreises sind tiefgründige Geheimnisse verborgen. Ein Schüler sollte über sie nachdenken, in ihnen verweilen und die Perlen der Weisheit entdecken. Wir sollten die 3 Sonnenzentren in uns mit den 12 Sonnenzeichen, die ebenfalls in uns vorhanden sind, verbinden. Durch diese Arbeit können wir den Mikrokosmos in uns erkennen. Der Mikrokosmos offenbart den Makrokosmos. Wenn der Mensch sich als Mikrokosmos wahrnimmt, erfährt er den Makrokosmos, das heißt den kosmischen Menschen.

Es gibt eine Vielzahl von Meditationen, die wir in Bezug auf den Tierkreis durchführen können. Beispielsweise können wir über das dreifache Feuer im Kopf, im Herzen und im *Mûlâdhâra* meditieren. Über die dreifache Luft können wir in der Stirn, in der Kehle und im Nabel meditieren, und auch die drei Wasser- und Erdzeichen kann man mithilfe der Wissenschaft der Entsprechungen in verschiedenen Zentren lokalisieren und über sie meditieren. Wir können Sextile, Trigone, Oppositionen und Quadrate herausarbeiten und auf diesem Weg für einen freien Fluss der dreifachen Energie im gesamten Körper der 12 Sonnenzeichen sorgen. Für diese Arbeit brauchen wir die Anleitung und Führung eines Lehrers.

Jedes Sonnenzeichen im Tierkreis enthält die Energien der dreifachen Sonne. Aus diesem Grund hat die Astrologie jedes Sonnenzeichen in 3 Dekanate unterteilt. Die ersten 10° eines Sonnenzeichens werden mit der planetarischen Sonne, das zweite Dekanat mit der zentralen Sonne und das dritte Dekanat mit der spirituellen Sonne verbunden. Durch diese Unterteilung eines Sonnenzeichens stellt die Astrologie

Hilfsmittel bereit, um die Entwicklung der betreffenden Person zu ermitteln. Zu diesem Zweck bezieht sie sich auf die Planeten, die in den jeweiligen Sonnenzeichen platziert sind. Steht ein Planet in der ersten Dekade, bietet er in Zusammenhang mit diesem Zeichen niedere Energien. Steht derselbe Planet in der zweiten Dekade, bietet er verfeinerte Energien. Und falls er in der dritten Dekade steht, stellt er die am meisten veredelten Energien bereit, die die kosmische Sonne repräsentieren. In jedem Sonnenzeichen zeigen die drei Dekanate die planetarische, solare und kosmische Ebene an, und die Planeten in diesen Dekanaten weisen auf die Entwicklungsstufe der betreffenden Person hin. Somit arbeiten die drei Sonnen in jedem Sonnenzeichen auf drei Ebenen. Die spirituelle Astrologie unterteilt ein Sonnenzeichen dreimal, neunmal oder auch zehnmal, so dass jede Unterteilung 3 Grad umfasst. Auf diese Weise ermittelt sie weit mehr Feinheiten der Sonnenenergie, die durch den Tierkreis präsentiert werden. Tatsächlich öffnet die Astrologie uns die Augen. Sie ist ein wichtiges Hilfsmittel, um die tiefgründige alte Weisheit zu enthüllen.

23. Die zwölf *Âdityas*

Âditya bedeutet „der Sohn von *Aditi*". *Aditi* ist das ursprüngliche Licht. Aus dem ursprünglichen Licht kommt ein Zentrum hervor. Es wird *Âditya*, die kosmische Sonne, genannt. Aus *Âditya* kommt *Savitru* hervor, die Sonnengottheit, die 1/7 der Leuchtkraft von *Âditya* hat. Aus *Savitru* kommt wiederum *Sûrya* hervor, das planetarische Sonnenzentrum, das 1/7 der Leuchtkraft von *Savitru* hat. Somit variieren Glanz und Leuchtkraft von der planetarischen Sonne bis zur kosmischen Sonne jeweils um das Siebenfache von einer Ebene zur nächsten Ebene.

- *Âdityas* sind Lichtwesen.
- Die *Veden* beschreiben sie als strahlend, rein wie die Ströme der Raumgewässer, frei von Hinterlist und Falschheit, untadelig und vollkommen.
- Sie gelten als Wächter des Lichts und der Sehkraft.
- Sie überblicken alles mit vielen Augen. Ihre Augen sind so zahlreich wie die Sonnenstrahlen.

- Sie leben im dünnen Äther, in der *Âkâsha* und erscheinen durch die vier Elemente Luft, Feuer, Wasser und Materie.
- Aufgrund des Zusammenspiels der dreifachen Sonne mit den vier Elementen sagt man, dass es zwölf *Âdityas* gibt.
- Sie gelten als Bewahrer der Gesetze des Universums.
- Sie sind die Regenten aller Wesen.
- Sie erhalten und stützen das Universum, sie bewahren alles, was sich bewegt und was sich nicht bewegt.
- Sie sind die Schutzherren, Lebensspender, Ernährer und Hüter.
- Sie beschützen sogar die Welt der Geister und jene, die das Gesetz beschützen.
- Sie gelten als die besten Vertreiber, denn sie erhellen die Welt, indem sie die Dunkelheit vertreiben.
- Sie nähren die Lebewesen und regulieren Beziehungen.
- Sie schlafen nicht, und sie schließen nicht ihre Augenlider.
- Aus ihnen kommen Gesetz und Rechtschaffenheit hervor.

- Sie arbeiten als Schöpfer, Bewahrer und sogar als Zerstörer.
- Den zwölf *Âdityas* wurden im *vedischen* System zwölf Namen gegeben, die in anderen Systemen wie der zoroastrischen und griechischen Theologie nachgeahmt wurden.

Die Tabelle zeigt die Regenten der zwölf Sonnenzeichen, die *Dwadasâdityas* und ihre Verbindungen:

Die 12 *Âdityas*		Sonnen-zeichen	Lunarer Monat
1	*Dhata*	Widder	*Chaitra*
2	*Aryama*	Stier	*Vaisakha*
3	*Mitra*	Zwillinge	*Jyeshtha*
4	*Varuna*	Krebs	*Ashadha*
5	*Indra*	Löwe	*Shravana*
6	*Vivasvân*	Jungfrau	*Bhadrapada*
7	*Tvashtha*	Waage	*Ashvina*
8	*Vishnu*	Skorpion	*Kartika*
9	*Amshuman*	Schütze	*Margasirsha*
10	*Bhaga*	Steinbock	*Pushya*
11	*Pusha*	Wassermann	*Magha*
12	*Parjanya*	Fische	*Phalguna*

Die Funktionen der zwölf *Âdityas*

In jedem Monat des Jahres erstrahlt ein anderer *Âditya*.

1. Als *Dhata* erschafft er Lebewesen.
2. Als *Aryama* ist er der Wind.
3. Als *Mitra* ist er im Mond und in den Meeren.
4. Als *Varuna* ist er in den Wassern.
5. Als *Indra* vernichtet er die Feinde der Götter.
6. Als *Vivasvân* ist er im Feuer und unterstützt das Kochen der Nahrung.
7. Als *Tvashta* lebt er in den Bäumen und Kräutern.
8. Als *Vishnu* erneuert er die Ausgewogenheit zwischen dem Göttlichen und Diabolischen.
9. Als *Amshumana* ist er wieder im Wind.
10. Als *Bhaga* ist er im Körper aller Lebewesen.
11. Als *Pusha* lässt er Getreide wachsen.
12. Als *Parjanya* lässt er es regnen.

24. Die *Prajâpatis*

Um die sieben Menschenrassen und die sieben Unterrassen fortbestehen zu lassen, wird unsere Sonne von den *Prajâpatis*, den Patriarchen, unterstützt. Es gibt 10 *Prajâpatis*. In anderen Zusammenhängen ist auch von 21 *Prajâpatis* die Rede. Die *Prajâpatis* arbeiten für die Fortpflanzung und den Fortbestand der Wesen, und sie lassen sie in die Schöpfung eintreten, so dass sie zur erforderlichen Erfüllung gelangen. Die Patriarchen kamen aus *Brahmâ*, dem dritten Logos, hervor, dessen Aufgabe es war zu erschaffen. Seine Aufgabe war es, das kosmische, solare und planetarische System als Grundlage zu erschaffen und dann die Wesen in dieses System eintreten zu lassen, so dass sie darin leben können. Die Schöpfung geschah für die Wesen, so dass sie Erfahrungen machen und sich entwickeln können. Um den Wesen, die während des ganzen *Pralayas* schlafen, die Möglichkeit zu geben, in die Schöpfung zu gelangen, vervielfältigte sich der Schöpfer und wurde zu 10 *Prajâpatis*, die wiederum angewiesen wurden, zu erschaffen und sich fortzupflanzen.

Diese *Prajâpatis* gehören in die Gruppe der feurigen Intelligenzen, der *Barhishads*. Sie arbeiten mit dem Schöpfer zusammen, um in geometrischer Progression eine Vielzahl von Wesen hervorzubringen und sie auf zahlreichen Wegen in die Schöpfung zu führen. 10 von ihnen vervielfältigen sich in 10 Runden 10 Mal, um die Schöpfung hervorzubringen. „10 Mal 10 dreht sich das Rad" lautet eine okkulte Aussage, die auf die zehnfältige Schöpfung von *Brahmâ* unter Mithilfe der 10 *Prajâpatis* hinweist.

Diese *Prajâpatis* existieren im Universum als strahlende Sonnen mit ihren Sonnensystemen. Als Sonnen sind sie viel weiter entwickelt als unsere Sonne. Sieben von ihnen bilden den Großen Bären, während drei andere aus unterschiedlichen Winkeln durch unsere Sonne arbeiten und sie führen. So ermöglichen sie unserer Sonne, die zehnfältige Schöpfung innerhalb ihres Sonnensystems zu manifestieren. Durch die Strahlen unserer Sonne kommen sie sogar auf unseren Planeten herunter und unterstützen die Schöpfungstätigkeit. Über die Seher, die auf diesem Planeten leben, wird ihre Energie auf der Erde repräsentiert. Diese Seher sind die stellvertretenden Energien der 10 Patriarchen. Neben unserem System führen sie noch viele andere Sonnensysteme.

Sie bringen die Menschen nicht nur herunter, sondern sie achten auch auf deren qualitative Beschaffenheit. Entsprechend der Entwicklung bringen sie Personen herunter, die 10 unterschiedlichen Qualitäten angehören:

1. Menschen mit strahlendem Glanz,
2. Menschen, die über der dreifachen Kraft von Dynamik, Trägheit und Gleichgewicht leben,
3. Menschen, die vom Willen erfüllt sind,
4. Menschen, die von Wissen, Liebe und Weisheit erfüllt sind,
5. Menschen, die von intelligenter Aktivität geprägt sind,
6. Menschen, die durch Harmonie und Konflikt geprägt sind,
7. Menschen mit konkretem Denken und Intellekt,
8. Menschen voller Emotion und Hingabe,
9. Menschen, die für tägliche körperliche Arbeit und Aktivität geschaffen sind,
10. Menschen von niederer, weltlicher Wesensart.

Die Menschen auf unserem Planeten weisen diese Abstufungen auf. Sie wurden von den *Prajâpatis*, die als Super-Sonnenzentren im Universum existieren, durch unsere Sonne auf die Erde geschickt.

Unsere Sonne wird auch durch die Sirius-Sonne unterstützt. Durch sie kommen die Lehrer-Hierarchien auf die Erde herab, um die Menschen in ihrer Entwicklung zu führen. Weitere Hilfe leisten die Plejaden, die für unser Sonnensystem und seine Lebewesen die Mutter-Rolle übernommen haben.

Das Universum ist ein komplexes Netzwerk. Keine Intelligenz arbeitet unabhängig von anderen. Die Hierarchien und Bruderschaften der verschiedenen Systeme und Intelligenzen sind miteinander verflochten und wechselseitig verbunden. Vom kosmischen Zentrum bis zu uns gibt es hierarchische, elterliche und brüderliche Verbindungen.

Wenn wir meinen, unsere Sonne sei die Herrscherin, dann stimmt das und es stimmt auch nicht. Für uns ist sie die Herrscherin. Aber auch sie hat ihre Führer und Eltern. Sie ist ein Mitglied der großen Bruderschaft der anderen Sonnen, unter denen es viele gibt, die sehr viel älter sind als sie und wenige, die jünger sind. Unsere Sonne hat ihren Platz im Universum, und sie entwickelt sich mithilfe ihrer Führer.

Genauso ist es mit uns Menschen, die durch sie gekommen sind. Es ist Unwissenheit, wenn wir glauben, jeder von uns sei völlig unabhängig. Wenn wir unabhängig von der Energie und den Menschen um uns handeln, landen wir in der Unfreiheit. Wir sollten wissen, dass wir Licht-Einheiten sind, dass unser Leben und Handeln horizontal und vertikal verflochten ist. Um rechte Beziehungen zu unserer Umgebung zu haben, sollten wir uns vertikal ausrichten und horizontal wirken.

Es ist vielleicht nicht unangebracht zu erwähnen, dass eine sehr fortgeschrittene Sonnenenergie (weitaus fortgeschrittener als unsere Sonne) während der zweiten Wurzelrasse in der hyperboräischen Zeit auf unserem Planeten angekommen ist, um der Menschheit zu helfen, die damals in einem nebelhaften Stadium existierte. Diese Energie kam über die Hierarchie der Venus von der überkosmischen Ebene und hat gegenwärtig ihren Wohnsitz in *Shambala*. Sie wird *Sanat Kumâra* genannt. *Sanat Kumâra* ist ein überkosmischer *Kumâra*, dessen Strahl auf dieser Erde verankert wurde, um die Menschheit zu regieren, zu führen, zu lehren und zu unterstützen. Von ihm spricht die Hierarchie als dem Herrn unseres Planeten. Man stelle sich eine Sonne von höchstem Rang vor, die herabsteigt, um auf einem derart unentwickelten Planeten unseres Sonnensystems zu bleiben. Selbst unsere Sonne ist nur seine Schülerin. Er wiederum verweilt auf dem am wenigsten entwickelten Planeten des Sonnensystems. Die Allerhöchsten reichen den Unbedeutendsten und Unwissendsten eine helfende Hand. Dies ist eine wahre Handlung der Liebe, die kosmischer Natur ist.

Kapitel 5

25. Die Herrlichkeit des Sonnenwagens

Mit seinen sechs Kategorien von Mitarbeitern reist der Sonnengott die ganzen zwölf Monate hindurch in alle Richtungen und verbreitet unter den Bewohnern der Erde die Reinheit des Bewusstseins. Seine sechs Mitarbeiter-Gruppen sind:

Weise: Die Weisen ehren und preisen den Sonnengott mit den Hymnen aus dem *Sâma Veda, Rig Veda* und *Yajur Veda,* die seine Identität offenbaren.

Yakshas: Die mächtigen, kraftvollen *Yakshas* spannen die Pferde vor dem Sonnenwagen an. Sie erzeugen die wohltuende Energie des Sonnenstrahls.

Gandharvas: Auch die *Gandharvas* singen Lobgesänge für den Sonnengott.

Apsarâs: Die *Apsarâs* tanzen vor seinem Wagen.

Râkshasas: Die *Râkshasas* schieben den Wagen von hinten an.

Nâgas: Die *Nâgas* sorgen für die Seile am Wagen. Sie erzeugen die kaum erkennbare

Bewegung, die die Geschwindigkeit der Pferde (das heißt, der Sonnenstrahlen) unmerklich beschleunigt.

Die Sonne sendet einen weißen Strahl aus, der als blutrote Farbe sowie als Orange, Goldgelb, Blau, Indigo, Violett und Grün herabkommt.

Diese sieben Farben, die aus dem weißen Strahl entstehen, werden als die sieben Pferde der Sonne betrachtet, die wiederum die Qualitäten der sieben Ebenen übermitteln.

Meister Djwhal Khul übersetzte sie sehr treffend im Sinne ihrer Qualitäten als:

1. Wille bzw. Macht,
2. Liebe – Weisheit,
3. aktive Intelligenz bzw. intelligente Aktivität,
4. Harmonie durch Konflikt,
5. konkrete Wissenschaft,
6. Hingabe, Idealismus,
7. zeremonielle Ordnung, Ritual.

Ihre ursprünglichen Namen im Sanskrit sind:

1. *Sushumnâ*,
2. *Harikeša*,
3. *Višwakarma*,

4. *Viświastrayarchas,*
5. *Sannadha,*
6. *Sarvavasu,*
7. *Swarâj*

Diese sieben Prinzipien erreichen die Erde durch die sieben Strahlen, die in Wirklichkeit nur ein weißer Strahl sind. Es ist nur ein Pferd, das als sieben Pferde erscheint.

Es ist nur ein Wagenlenker, der als sieben sichtbar wird. Ihn verehren wir auf der planetarischen, solaren und kosmischen Ebene.

Die Weisheit der Strahlen wurde dem Westen zum ersten Mal von der Hierarchie durch Alice A. Bailey offenbart.

Man kann die sieben Strahlen auf die sieben Zentren des Planeten mit ihren jeweiligen *Ashramen* und Adepten beziehen. Sie können auch mit den sieben Zentren des menschlichen Körpers verbunden werden. Auf allen sieben Existenzebenen arbeitet ein Zauberstab mit der Zahl 7. In dichterischer Ausgestaltung wird er als Flöte von Lord *Krishna* dargestellt, der auf den sechs Löchern seines Instruments spielt und durch das siebte Loch der Flöte bläst.

Stellen wir uns vor, wie die vier kardinalen Punkte der Erde miteinander verbunden sind, ein Quadrat bilden und auf dem Nadir stehen.

Mittag (Süden)

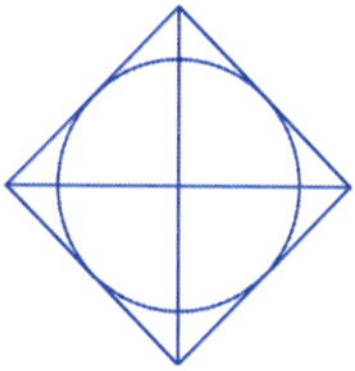

Nadir (Norden)

Dieses Quadrat steht auf einer Ecke, auf dem Nadir, und liegt nicht auf einer Seite. Seine Position, in der es die Erde umfasst, nennt man auf einer Ebene den Sonnenwagen. Er wird von sieben Pferden gezogen und hat ein Rad.

„Sieben Pferde ziehen einen Wagen mit sieben Rädern, und sieben weise Männer zusammen mit sieben fruchtbaren Wassernymphen steigen in den Wagen ein. Das Rad nutzt sich nie ab. Es besteht aus drei Teilkreisen. Es ist nicht nur unermüdlich, sondern auch unvergänglich. Durch Meditation über dieses Rad erreicht man Unsterblichkeit."

Mit diesen Worten beschreiben die *Veden* die dreifache Sonne, die mit ihren sieben Strahlen durch das Rad der Zeit die vier kardinalen Punkte umrundet.

26. Die Herrlichkeit und Erhabenheit der Sonne

Die Sonnenstrahlen werden von vielen Gottheiten geleitet. Große Seher kommen durch die Strahlen der Sonne auf die Erde herunter, und während sie herabkommen, haben sie eine Körperhaltung, bei der ihr Kopf nach unten zeigt. Denn ihr Blick bleibt immer fest auf die Sonne gerichtet, selbst wenn sie auf die Erde herabsteigen, um dort das Leben zu unterstützen. Sie wohnen auf den Ästen der hohen Ficus-religiosa-Bäume, mit dem Kopf nach unten wie die Fledermäuse, obwohl es höchst unangemessen ist, sie mit Fledermäusen zu vergleichen. Diese Seher segnen ihre Umgebung für den Tag. Aus diesem Grund suchen Wissende nach dem richtigen Baum, um sich auszuruhen und zu meditieren. Sie werden *Valakhilyas* genannt, und man sagt, dass es 60 000 von ihnen gibt. Die 60 000 Einsiedler gelten als Kinder von *Kratu*, dem siebten der sieben Seher, und seiner Frau *Šântatî*. Jeder von ihnen ist so groß wie eine halbe Daumenlänge, aber sie sind so strahlend hell wie die sengende Sonne, und sie haben vollständige Kontrolle über ihre Sinne. Ihr Wohnort ist die Sonne. In der Gestalt fliegender Vögel reisen sie vor der Sonne her. Sie sind ohne Sünde und erfüllen den göttlichen Plan auf den sieben Ebenen zwischen Sonne und Erde. Die *Valakhilyas* sind die ältesten Sonnenverehrer. Sie sind die Stärke der Welt, so dass sie fest stehen kann. Mit Begeisterung verrichten sie die Werke der *Devas*, der Götter. Während sie im Sonnenwagen saßen, erlernten die *Valakhilyas* die *Veden* und *Šâstras* (Schriften).

Diese 60000 *Valakhilyas* durchdringen den Tag und unterteilen ihn in 60000 Einheiten. Fortwährend führen sie der Erde die Energien der Sonne zu. Mit dem Kopf nach unten rufen sie den Sonnengott durch alle Metren an und übermitteln das entsprechende Licht auf die Erde.

Der Sonnenwagen wird von sieben Pferden gezogen, die die sieben Strahlen verkörpern.

Durch diese Strahlen kommen die *Valakhilyas*, die Weisen bzw. die Strahlen der Weisheit, die *Yakshas*, die *Gandharvas* (überkosmische Intelligenzen, die die Künste von Farbe und Klang regieren), die *Apsarâs* (sie sind die fruchtbaren Wassernymphen) und die *Nâgas* herab.

Wir betrachten den Sonnenstrahl als etwas Selbstverständliches und gehen unseren belanglosen, egoistischen, weltlichen Tätigkeiten nach. Deshalb achten wir kaum auf das großartige Schauspiel der Sonnenstrahlen, die mit so vielen Intelligenzen vom Kosmos durch unsere Sonne auf die Erde herabkommen. Stellen wir uns 60000 Sonnen-Einheiten vor, die jeden Tag herabkommen, und denen die sieben Seher der Weisheit, die *Yakshas, Gandharvas, Apsarâs* und *Nâgas* folgen.

Vor tausend Jahren wurde diese Vorstellung an der Ostküste Indiens auf einen gewaltigen Felsbrocken gemeißelt. Er wird der Tempel von Konark genannt. *Konark* bedeutet „Sonnenwinkel". *Arka* ist die Sonne, und *Kona* ist der Winkel. Vor tausend Jahren versuchte ein König, die oben beschriebene Dimension der Sonne in der Form eines riesigen Felsentempels darzustellen.

Heute sind von ihm nur noch Ruinen übrig. Trotzdem gehört er zu den Orten in Indien, die von Touristen aus aller Welt am meisten besucht werden.

Das Herabkommen der Sonnenstrahlen ist weitaus prächtiger und glanzvoller als der Festzug eines Königs oder Herrschers bei einem feierlichen Anlass, und die Sonnenstrahlen kommen jeden Tag herab.

Die tägliche Bewegung des Sonnenwagens wurde von dem Weisen *Dîrgha Tamas* als ein großartiges Ritual aufgenommen. Es wird in den Mitternachtsstunden des 22. Dezember zusammen mit der Wintersonnenwende aufgeführt. In anderer Art wird dieses Ritual heute als die Geburt des Erlösers durchgeführt. Wie schon in den vorausgehenden Kapiteln dargelegt, ist der Sonnengott der wahre Retter und Erlöser, und die Sonnenstrahlen, die am ersten Tag des Steinbocks (am Morgen des 23. Dezember) aus ihm hervorkommen, werden als das Blut des Erlösers betrachtet, das die Welt rettet. In den Stunden vor der Morgendämmerung wird das Ritual, das von *Dîrgha Tamas* gegeben wurde, in den *Ashramen* ausgeführt. Madame H. P. Blavatsky machte dieses Ritual in ihrem epochalen Werk ISIS ENTSCHLEIERT bekannt.[2]

Die Geschichte von *Dîrgha Tamas* handelt von der längsten Nacht, nach der die Nächte kürzer und die Tage länger werden.

Dieses Ritual der Sonneneinweihung spricht von der Einheit Gottes und seinen zahllosen Erscheinungsformen. Die Hymne erklärt, dass der gegenwärtige Herr der ursprüngliche Opfernde ist. Er existiert in drei Stadien und hat sieben Strahlen. Der Herr ist der Meister der Menschen und des Universums.

Allgemein ist die Hymne von *Dîrgha Tamas* als *Suparna Sûktam* bekannt. Das *Sûktam* enthält 52 Hymnen, und es steht im *Sûktam* 164 des ersten *Mandalas* im *Rig Veda*. Eine der Hymnen aus diesem *Sûktam* wird von Madame Blavatsky in dem Buch ISIS ENTSCHLEIERT zitiert:

Sapta yunjanti ratham eka chakram
Eko ašvo vahati saptanâmâ
Trinâbhi chakram ajaram anarvam
Yatremâ višvâ bhuvanâdhi tasthuhu

2 Die Leser können es im Anhang I dieses Buches nachlesen.

Das bedeutet:

Sieben Pferde sind vor einen Wagen gespannt,
der ein Rad hat.
Es ist ein Pferd mit sieben Namen,
das den Wagen zieht.
Der Wagen hat drei Räder
(alle drei Räder sind ineinander geschachtelt).
Das Rad nutzt sich nie ab und währt ewig.
Es lenkt die sieben Ebenen.

Er ist nur Einer (ein Rad), der als Drei (drei Räder) aktiv wird, das heißt als kosmisches, solares und planetarisches Rad. Er hat ein Pferd, das als sieben Pferde sichtbar wird, das heißt, ein Licht unterteilt sich in sieben Strahlen und Farben. Alle Welten bilden sich um ihn, um seinen Wagen und seine Pferde.

Er hat drei Formen, die von zweifacher, das heißt von androgyner Natur sind. Der Sonnengott ist männlich und weiblich. Er ist die Synthese der solaren und lunaren Energien. Ihn verehren die erhabenen Weisen und die Seher durch *Agni.*

Agni ist der Führende unter allen kosmischen Intelligenzen. Durch die *Rudras* sind die *Adityas* Abkömmlinge von *Agni.*

Den Schülern wird empfohlen, sich in ihrem Inneren das ganze Schauspiel der Sonne, ihrer Strahlen und auch die Vielfalt der herabsteigenden *Devas* in den Morgenstunden vorzustellen.

Daher heißt es in dem Ritual weiterhin: Der Herr, der Meister des Universums, ist in mich eingetreten usw.

Die Frucht, die so süß ist wie Ambrosia, wird mit der Frucht des Ficus religiosa identifiziert. Vor allem in der *vedischen* Tradition wird der Ficus religiosa verehrt. Seine Wurzeln werden in Wasser eingeweicht, und dieses Wasser wird täglich getrunken. Die Früchte und Blätter des Baums werden gegessen. Unter seinem Schatten kontemplieren die Menschen über den EINEN. Jeden Tag umrunden die Menschen den Baum, um die Energien der Sonne in sich als ihr eigentliches Selbst zu erkennen. Die Energien des Ficus religiosa sind überaus förderlich für unsere Anwendung der Weisheit. Der Baum wird auch *Aświatha* genannt, das bedeutet „der Baum, der das Feuer des Lebens enthält".

27. Die Sonne – der Erlöser

Der Lenker des Sonnenwagens ist *Aruna*, der rot gefärbt ist. Seine rote Farbe ist das Erste, mit dem jeder Tag auf der Erde beginnt. Während der Morgenstunden ist die Erde von diesem Rot erfüllt. Es belebt die Erde und die Lebewesen auf ihr. Symbolisch nennt man diese rote Farbe das Blut des Erlösers, und die Sonne ist der Erlöser. Die vier kardinalen Punkte werden als die vier Punkte des Kreuzes betrachtet, und deshalb heißt es, dass der Erlöser am Kreuz hängt.

Obwohl der Erlöser gekreuzigt ist, übermittelt er sieben Strahlen, und der blutrote Strahl ist einer von ihnen. Es ist der Strahl des Willens und auch der Strahl des Lebens. Deshalb wird erzählt, dass das Blut des Erlösers die Toten zum Leben erweckt, das Leben nährt, schützt und Wachstum bewirkt. Diese ewige Tätigkeit der Sonne Jesus Christus zuzuschreiben, ist bloße religiöse Phantasie, wenn nicht sogar Fanatismus.

Seit Anbeginn der Schöpfung gilt die Sonnenenergie als Lebensspenderin, die auch Licht, Liebe, intelligente Aktivität usw. schenkt. Auf einer Mikro-Ebene arbeitet jeder Lehrer, der sich auf dem solaren Einweihungsweg befindet, wie eine lokalisierte Sonne. Der blutrote Sonnenstrahl bewahrt das Leben auf der Erde. Ohne diesen Sonnenstrahl wäre kein Leben auf diesem Planeten möglich. Die Religionen versuchen, ihre Propheten zu verherrlichen und führen die leichtgläubigen Menschen in die Irre. Auf diese Weise werden die Religionen zu Sekten. Sie untergraben die großartigen universalen Prinzipien, die im Spiel sind.

Wenn die Sonne jedes Jahr das Zeichen Steinbock durchquert, erhebt sie sich vom Nadir, um ihren nördlichen Lauf zu beginnen. Dieser Lauf der Sonne verteilt Ambrosia während der Zeit des Sonnenaufgangs an alle Lebewesen auf der Erde. Sofern der Ausdruck gestattet ist, man bezeichnet diese Ambrosia als spirituellen Wein. Im Sanskrit wird sie *Amrita* genannt, der Trank der Unsterblichkeit. Er ist das süßeste aller Getränke. Süßen Rotwein zu trinken ist nur ein armseliger Ersatz für das Aufnehmen des roten Sonnenstrahls in den Morgenstunden des Steinbocks. Noch sinnloser ist es, Rotwein am Abend zu trinken, weil der rote Strahl mit der Morgendämmerung verbunden ist.

28. Das Spiel von Licht und Dunkelheit

Aufgrund der Drehung der Erde um ihre eigene Achse und ihrer Drehung um die Sonne haben wir auf Erden das ewige Spiel von Licht und Dunkelheit. Es gibt Zeiten, in denen das Licht zunimmt und die Tage länger werden, sowie Zeiten zunehmender Dunkelheit und länger werdender Nächte.

Den längsten Tag haben wir etwa am 21. Juni und die längste Nacht um den 22. Dezember. Am 21. März und 22. September sind Tag und Nacht gleich lang.

Diese vier Punkte in einem Sonnenjahr gelten als Knotenpunkte. *Vedische* Seher entwickelten für diese Zeitpunkte viele Rituale und Einweihungen, die mit der Sonne zusammenhängen. Jene vier Tage unterteilen den Jahreskreis in vier gleich große Abschnitte. Jeder Abschnitt umfasst 90 Tage. Zusammen mit den vier Tagen, die die Knotenpunkte bilden, werden die 365 Tage in angemessener Weise genutzt, um das zunehmende Licht, das gleich starke Licht und das minimale Licht zu erfahren. Licht ist nichts anderes als Bewusstsein, das allmählich zunimmt, bis es seinen Zenit erreicht und später abnimmt, bis es den Nadir erreicht.

Es gibt Punkte, an denen das Bewusstsein hervortritt, sich bis in große Höhen entfaltet, dann allmählich wieder zurückgeht, bis es gänzlich stirbt, um schließlich erneut zu erwachen. Dieses Schauspiel ereignet sich regelmäßig in jedem Sonnenjahr rund um die Erde. Es ist die Grundlage für Rituale und Einweihungen, die entwickelt und ausgeführt werden, weil man nicht nur den höchsten Punkt der Erleuchtung, sondern auch die scheinbare Geburt des Bewusstseins und seine Wiederbelebung nach dem Tod erleben will.

Das Viertel, das vom Steinbock bis zum Widder reicht, kann man mit der Geburt des Bewusstseins und seiner Entfaltung bis zum Zenit vergleichen. Ihm folgt das zweite Viertel vom Widder bis zum Krebs, in dem der erleuchtete Mensch sich vom höchsten Punkt der Erleuchtung in seinen ewigen Wohnort im Herzzentrum zurückzieht. Das dritte Viertel vom Krebs bis zur Waage wird mit der Geburt der Seelen in der Materie verbunden. Danach wird durch die allmähliche Zunahme der Materie rundum die Seele das Licht des Bewusstseins verdunkelt.

Wenn man das Zeichen Waage erreicht, ist das Licht des Bewusstseins fast nicht mehr zu sehen. Dies gilt als Tod des Bewusstseins, der infolge der Überlegenheit des Materiellen eintritt. Auf die Waage folgt der Skorpion-Monat, in dem das Bewusstsein scheinbar stirbt, um im vierten Jahresviertel wiedergeboren zu werden. Erst nach dieser Wiedergeburt ist man zum zweiten Mal geboren. Im Krebs tritt die inkarnierende Seele in den Bereich der Materie ein und erlebt die Dunkelheit der Unwissenheit, durch die sie stirbt.

All diese Geschichten vom Herabkommen der Seelen in die Materie, von Verfall und Tod werden dem Vierteljahr zwischen Krebs und Waage zugeordnet.

Die Todeserfahrung gehört zum Skorpion, die Wiedergeburt wird im Steinbock erlebt, und die Vorbereitung auf die Wiedergeburt findet im Schützen statt. Vom Steinbock an wird das Licht immer stärker, bis es die Höhen des Wissens erreicht. Im Widder steht das Licht in der Himmelsmitte.

Die vier Viertel bieten vier Einweihungen an. Im Jahreskreis hat jedes Viertel seine eigene Bedeutung. Ein Ritualist reist durch alle vier Viertel des Jahres, indem er sich bewusst auf Licht und Dunkelheit in ihren zunehmenden, abnehmenden und ausgeglichenen Aspekten ausrichtet.

Für einen weltlichen Menschen, der zu einem Aspiranten wird, ist es überaus wichtig, das innere Licht zu erfahren. Daher sind die Monate Schütze und Steinbock für ihn von großer Bedeutung. Im Schützen erlebt er das erste Morgenlicht vor dem Aufgehen der Sonne, und im Steinbock wird das Licht geboren. Es ist die Morgendämmerung des Lichts.

Die 60 Tage vom 23. November bis zum 21. Januar sind von Rhythmus und Ritualen geprägt, um das Licht aus der Materie zu befreien. Die Materie schließt das Bewusstsein ein, aber durch Rhythmus und Ritual gewinnt das Bewusstsein seine Stärke zurück, die ihm seine Befreiung aus der Gefangenschaft der Materie ermöglicht.

Nachdem er das Licht im Steinbock erfahren hat, fährt der Aspirant mit seinen rituellen

Übungen fort, um in den Monaten Wasserman und Fische das Licht zu verstärken. Dadurch erreicht er die Himmelsmitte, den höchsten Punkt der Erleuchtung. An diesem Punkt erlebt er eine zweite Reihe von Einweihungen, durch die er in die Lage versetzt wird, sich dem Arbeitsplan anzuschließen, jenem Plan, der ewig und göttlich ist.

Nachdem er diesen Arbeitsplan am höchsten Punkt der Erleuchtung in sich aufgenommen hat, kehrt er vom Widder zum Krebs zurück, lässt sich im Herzzentrum nieder und führt den Plan auf Erden durch.

Somit beginnt die Jüngerschaft am Ende des Skorpions im *Muladhara*, führt auf ihrem Weg zum Aufstieg durch die Zeichen Schütze, Steinbock, Wasserman, Fische und Widder. Der Jünger erfährt planetarische Einweihungen und kehrt über den Stier und die Zwillinge zum Krebs zurück, um für alle Zeit für den Plan zu arbeiten und der Menschheit und dem Planeten zu helfen.

Dieser Weg des weltlichen Menschen, auf dem er zu einem Gottessohn wird, ist erfüllt vom Verstehen der ewig herabfließenden Sonnenenergien. Jeden Monat kommen sie mit den entsprechenden Vollmonden und Halbmonden herab.

Die Reise vom Krebs zur Waage ist für Nicht-Eingeweihte ein ganz besonders schwieriger Weg. Es ist die Geschichte vom Abstieg der Seele in die Materie. Durch Löwe, Jungfrau und Waage steigt die Seelenenergie tief in die Materie herab. Von da an lebt die eingeschlossene Seele für ihren Bauch, das heißt für ihren eigenen Nutzen und ihr eigenes Wohlergehen. Symbolisch gesprochen, die Schlange ist den Baum hinabgekrochen, hat den Erdboden berührt und kriecht danach auf ihrem Bauch auf der Erde.

In der Freimaurer-Terminologie heißt es, dass die Vertikalen zu Horizontalen werden, dass der Stab gefallen ist, dass der Mensch zu einem Tier geworden ist, dass der vertikale Mensch zu einem horizontalen Tier geworden ist. Die Aneignung von Dingen und materiellem Reichtum ist das ewige Trachten und Sinnen des weltlichen Menschen, und dies ist eine horizontale Tätigkeit. Der Mensch, der eigentlich ein vertikales Wesen ist, gewinnt seinen ursprünglichen Status zurück, wenn er sich von seiner horizontalen Ausrichtung zurückzieht.

Pythagoras sagt, dass der Mensch nur sechs Stunden braucht, um sich aus der Horizontalen in die Vertikale aufzurichten. Das klingt sehr geheimnisvoll. Von der Horizontalen bis zur Vertikalen wird ein Viertel eines Kreises erfasst. Wenn ein Kreis aus 24 Stunden besteht, sind sechs Stunden ein Viertel davon. Deshalb sagt er, für einen Menschen reichen sechs Stunden aus, um seinen Status als Gottessohn wiederzuerlangen. Die Arbeit jedes okkulten Schülers findet im Wesentlichen zwischen Steinbock und Widder statt, dem vierten Jahresviertel. Die Vorbereitung geschieht im Schützen, denn der Schütze sorgt für die erforderliche Schubkraft und für das notwendige Feuer, um nach dem Licht zu streben. Daher wird die Reise im Schützen eingeleitet. Die Sonnenstrahlen im Schützen geben die notwendige Aspiration, die Sonnenstrahlen im Steinbock reinigen und lassen das Licht hervorkommen, der Wassermann führt in die Vertikale, die Fische schenken die Erfahrung des subtilen Lichts und der Widder erleuchtet.

Im Schützen wird uns empfohlen, zwei Stunden vor der Morgendämmerung aufzustehen und uns aus tiefster Seele dem Gebet zu widmen sowie den Mitmenschen zu dienen. Im Steinbock sollten wir nach der morgendlichen Körperreinigung in der Form eines fünfstrahligen Sterns stehen, um das Blut der Sonne in unseren Körperschichten zu empfangen. Wenn wir die fünf Schichten in uns reinigen, steigt das Bewusstsein aus der Materie auf. Im Schützen wird der Mensch umgewandelt, im Steinbock steigt er auf, und im Wassermann wird er vom Grobstofflichen zum Subtilen umgestaltet. Nur der subtile Mensch ist imstande, in den Fischen Eindrücke aus höheren Kreisen aufzunehmen, die es ihm ermöglichen, zur notwendigen Erleuchtung im Widder vorzudringen.

In Pyramiden, Tempeln, Höhlentempeln und *Ashramen* wird den Schülern das Wissen vom hereinkommenden Sonnenstrahl vermittelt, und ihnen werden Rituale gegeben, um diese Strahlen in sich aufzunehmen, um sich emporzuheben und anschließend die Unwissenheit der Menschen zu verringern.

Möge das Licht vorherrschen. Wir sollten nicht zulassen, dass die Dunkelheit der Materie das Licht des Wissens einhüllt. Für die angemessene

Ausbreitung des Lichts hat sich der scheinbare Lauf der Sonne als ewig tragende Säule erwiesen. Solange wir uns nicht an dieser tragenden Säule des Sonnenlichts festhalten, können wir den solaren Pol nicht erreichen. Wir sollten an dieser Säule festhalten und die Seele erfahren.

29. Vorbereitung vor der Meditation

Die vier kardinalen Punkte helfen uns, an dieser Säule festzuhalten. Die Schüler meinen, dass sie an das Licht herankommen und es erhaschen, wenn sie während der Sonnenwenden und Tagundnachtgleichen meditieren. Doch leider ist das nicht der Fall. Der Meditation geht eine Vorbereitung voraus.

Die Vorbereitung zieht sich über die vorausgehenden 90 Tage hin. 90 Tage intensiver Vorbereitung ermöglichen ein paar Tage der Einweihung. Wir können uns nicht einfach zur Stunde Gottes hinsetzen und die Erleuchtung verlangen. In den *Ashramen* der Meister heißt es: „Eine dreitägige Einweihung braucht 90 Tage Vorbereitung." Wenn die Zeit ein spezielles Zeitfenster für die Erleuchtung anbietet, müssen sich die Schüler in der vorausgehenden Zeit darauf vorbereiten.

Ein Astronaut kann nicht einfach aus einem Einkaufszentrum ankommen und kurz vor dem Start in die Raumfähre einsteigen. Er wird viele Monate vor dem Start vorbereitet. Selbst nach seiner Rückkehr zur Erde darf er sich nicht sofort in den irdischen Tagesablauf begeben, sondern muss erst eine Zeit lang in Quarantäne verbringen. Genauso gibt es eine Vorbereitung und Ausrichtung für eine voraussichtliche Erleuchtung und eine Quarantänezeit nach jeder Meditation.

Ich hatte einmal einen Kollegen. Er folgte dem *Yoga*-Pfad, der von meinem Meister vermittelt wurde, und er begann diesen Weg 30 Jahre vor mir. In seinem Inneren hatte er ein tiefes Verlangen zu lehren und zu heilen. Nachdem mein Meister seinen Körper verlassen hatte, machte er zusammen mit mir weiter und meditierte jeden Morgen und jeden Abend. Eines Tages fragte er mich: „Lange vor dir habe ich mit dem *Yoga* angefangen. Wie kommt es, dass Heilen und Lehren mühelos durch dich geschehen, während durch mich nichts passiert?"

Dieser ältere Kollege hatte die Angewohnheit zu reden, bis die Meditation begann, und er redete sofort weiter, nachdem die Meditation beendet war. Bis zur Anrufung des heiligen Wortes sprach er über Politik und Immobilien, und nach zweistündiger Meditation und Kontemplation nahm er seine Rede sofort wieder auf. Mehrere Male hatte ich ihm schon gesagt, dass er sich eine Stunde vorher vorbereiten und sein Denken, seine Sinne und den Körper auf die Meditation ausrichten müsste. Außerdem empfahl ich ihm mit behutsamen Worten, eine Zeit lang nach der Meditation und Kontemplation zu schweigen. Schon nach wenigen Jahren spürte er den Unterschied in der Wirkung. Nun erlebte er Frieden in der Meditation. Vor einem Jahr ist er verstorben. Bevor er seinen Körper verließ, sagte er mir, er hätte viel früher damit anfangen sollen, sich auf die Meditation vorzubereiten und sich auszurichten und dass er dies im nächsten Leben tun wolle.

Manche Gruppenmitglieder kommen zwei Minuten nach der Anrufung des heiligen Wortes zur Meditation, manche setzen sich in dem Moment hin, wenn die Meditation anfängt oder zwei Minuten vorher. Es reicht nicht, wenn wir darauf achten, bei der Meditation anwesend zu sein. Wir können nicht hereinkommen, uns wie eine heiße Kartoffel auf den Sitz fallen lassen und meditieren. Dann sind wir erst einmal außer Atem und unser Denken ist noch nicht stabil.

Es ist notwendig, den Körper, die Sinne und das Denken vorzubereiten, so dass sie still und ruhig sind. Wenn wir uns innerlich ganz ruhig und behaglich fühlen, können wir sanft das heilige Wort anstimmen, uns öffnen und darauf warten, die göttliche Energie zu empfangen.

Solche Vorbereitung erfordert die tägliche Meditation, und um die Sonnenwenden und Tagundnachtgleichen zu erfahren, brauchen wir eine 90tägige Vorbereitung.

Um die Morgendämmerung im Steinbock zu erleben, beginnt die Vorbereitung in der Waage.

Um das Fest des Übergangs (Passah) im Widder zu erleben, beginnt die Vorbereitung im Steinbock.

Um das bewusste Herabsteigen in die Materie im Krebs zu ermöglichen, beginnt die Vorbereitung an Pfingsten bzw. am Fest im Monat Zwillinge.

Um frei zu leben, während wir von Materie umgeben sind, beginnt die Vorbereitung im Krebs und dauert bis zur Waage.

Ein Schüler des Okkultismus führt zwei parallele Leben. Eines ist weltlich, das andere ist subtil. Der Schüler sollte dafür sorgen, dass das weltliche Leben die Aktivität des Subtilen nicht behindert. Die subtilen Tätigkeiten und Übungen sollten nicht durch weltliche Ereignisse unterbrochen werden. Wenn die subtile Aktivität in Form von Meditation, Selbst-Studium und stillem Dienst immer stärker wird, fließt sie in das weltliche Leben ein und macht es leichter. Das Umgekehrte sollten wir vermeiden. Langsam und schrittweise kann sich das subtile Leben in das weltliche Leben ausweiten, aber wenn das Gegenteil passiert, sind wir keine okkulten Schüler mehr. Im subtilen Leben sind wir nahe am Licht der Seele. Allmählich wird die Seele aktiv, während die Persönlichkeit der Seele mehr und mehr nachgibt.

Kapitel 6

30. Die Dualität

Die Sonne verursacht den Tag und die Nacht. Während die Erde sich um die Sonne dreht, entstehen Licht und Schatten durch die Drehung der Erde um sich selbst. Daher gibt es die Dualität auf der Erde, aber nicht für die Sonne. Die Nacht und der Tag auf der Erde werden in den Schriften als die zwei Frauen der Sonne beschrieben: als *Diti*, die Königin der Nacht, und als *Aditi*, die Königin des Tages. In Wirklichkeit sind es jedoch nicht zwei, denn derselbe Himmel erscheint von der Erde aus betrachtet zeitweise strahlend hell und zeitweise dunkel. Deshalb heißt es in den *Purânen*: „*Diti* ist *Aditi*, und *Aditi* ist *Diti*."

In Zusammenhang mit den Sonnenstrahlen sprechen die *Purânen* über viele Aspekte des Himmels. Die Sonne ist der Beobachter. Ihre Strahlen haben Auswirkungen auf den Raum, der sie umgibt. Infolge der Drehung der Erde um sich selbst und um die Sonne entstehen vielfältige Farben am Himmel, der von Natur aus blau ist. Die Farbwirkung am Himmel ist auf die Sonnenstrahlen und die Erdbewegung zurückzuführen. Von morgens bis abends scheint der Himmel für die Lebewesen der Erde eine große Farbenvielfalt zu zeigen. Die Sonne schaut diesem Phänomen zu. Im Sanskrit heißt „der Zuschauer" *Kašyapa*, und die Wesen auf der Erde, die das Farbenspiel am Himmel sehen, sind die *Pasyakas*, das bedeutet „jene, die von innen hinausblicken". Während ihrer Drehung wird die Erde von dieser Farbenvielfalt beeinflusst, von der sie zu verschiedenen Zeiten in verschiedenen Teilen der Erde umgeben ist. Sie wird von den Farben durchdrungen und befruchtet. Die Wesen, die auf der Erde inkarnieren, tragen die Farbqualität, die an jenem besonderen Moment und an dem Ort ihrer Inkarnation vorherrscht. Verschiedene Farben wirken sich unterschiedlich auf die inkarnierenden Menschen aus. Die *vedischen* Seher gaben den Farbaspekten am Himmel unterschiedliche Namen.

- Den dunklen Himmel nannten sie *Diti*.
- Den hell strahlenden Himmel nannten sie *Aditi*.

- Den roten, feurigen Himmel nannten sie *Kadruva*.
- Den angenehmen und sanften Himmel nannten sie *Vinatâ*.

Es gibt einen blauen Himmel, den die Wesen auf der Erde in scheinbar verschiedenen Farben sehen. So erscheint er den *Pasyakas*. Obwohl der Himmel mit seiner charakteristischen blauen Farbe immer derselbe ist, sehen sie ihn aus dem Blickwinkel der Erde in immer anderen Farben. Aufgrund der unterschiedlichen Befruchtungen auf der Erde durch verschiedenartige Farben entstanden auch unterschiedliche Menschengruppen. So erklärt die GEHEIMLEHRE die rote Rasse, die gelbe Rasse, die braune Rasse, die weiße Rasse usw. Die Erde wird von den Farben, Sternen und Konstellationen auf unterschiedliche Art und zu unterschiedlichen Zeiten befruchtet und lässt dadurch verschiedene Rassen und Spezies von vielfältiger Dimension entstehen. Dies ist jedoch ein eigenes Thema.

Die Seher gaben dem Himmel vom Blickwinkel der Erde aus unterschiedliche Namen, die auf die jeweilige Farbe und ihre Wesensart hinweisen. In den *Purânen* werden daher der

Sonne viele Frauen zugeschrieben, die die zahlreichen Aspekte des Himmels vom Standpunkt der Erde aus verkörpern. In diesem Zusammenhang sprechen die *Purânen* von den Frauen der Sonne, z. B. als *Sanjnâ* (Symbol), *Sandhyâ* (Dämmerung) und *Châyâ* (Schatten). Auch unsere Ehefrau ist manchmal hart, manchmal sanft, manchmal dynamisch und manchmal schwerfällig. Trotzdem können wir nicht sagen, dass wir vier Frauen haben, sondern es ist eine Frau, die viele Stimmungen hat. Madame Blavatsky hat in ihren Schriften vor allem für den Westen viele Missverständnisse geklärt.

Durch *Sanjnâ* bringt die Sonne Menschen mit unterschiedlichen Formen und Helligkeiten hervor, durch *Sandhyâ* erzeugt sie Wesen des Lichts und der Dunkelheit, und durch *Châyâ* legt die Sonne einen Schatten über die Menschen. Der Schatten ist Saturn. Von Zeit zu Zeit verdunkelt Saturn das Verständnis der Menschen.

Wenn Saturn unsere Sonne oder unseren Mond besucht, wirft er einen Schleier wie einen Schatten auf das Bewusstsein und Verstehen. Das menschliche Bewusstsein wird von der Sonne und das Verstehen wird vom Mond geführt.

Wenn Saturn, der Planet des Schattens, [illegible] die Sonne geht, wird das Bewusstsein verhüllt. Dies führt zur Entkräftung, zum Verlust der Gesundheit und kann auch den Tod verursachen.

Wenn Saturn den Mond überquert, wird das Begriffsvermögen verdunkelt und man versteht die Dinge nicht richtig. Man trifft nicht die richtigen Entscheidungen oder macht nicht den passenden Arbeitsplan.

Stellen wir uns vor, dass der Herr des Lichts und des Lebens auch Saturn, die Energie des Schattens hervorbringt. Wir können ebenfalls in eine solche Situation geraten und in dieser Zeit ein Kind zur Welt bringen. Diese Besonderheit sollten wir ernsthaft zur Kenntnis nehmen.

Durch die Dämmerung *Sandhya* brachte die Sonne Lord *Yama* (Pluto) hervor. Er ist der Abgrenzende, er markiert das Ende des Tages und den Anfang der Nacht sowie das Ende der Nacht und den Anfang des Tages. Pluto zeigt auch das Lebensende sowie seinen Anfang an. Er beaufsichtigt den Ring „Überschreite-mich-nicht".

Alle Wesen innerhalb des Systems werden von der Dualität von Geburt und Tod reguliert.

Für jemanden, der geboren wurde, ist der Tod eine sichere Prophezeiung. Genauso ist für den Sterbenden die Wiedergeburt vorhersagbar.

Infolge der Handlungen guten Willens ist Bewusstseinserweiterung vorhersagbar, und bei üblen, schlimmen Handlungen ist die Verengung des Bewusstseins vorhersagbar.

Sogar dem strahlenden Licht der Sonne setzt Pluto eine Grenze. Der Einflussbereich der Sonne wird umgrenzt und auf ihr Sonnensystem beschränkt. Die Einschränkung und Begrenzung der Aktivität jedes Wesens geschieht durch das kosmische Prinzip *Vritra*. Es begrenzt sogar die Tätigkeit der kosmischen Intelligenzen. Für alle Wesen zieht *Vritra* die Grenzlinien, den Ring „Überschreite-mich-nicht". Für das Sonnensystem erscheint er als *Yama*, für die Lebewesen auf dem Planeten als Saturn. Es gibt eine Hierarchie der Herren, die das jeweilige Ende markieren. Sehr viel könnte über Pluto (Lord *Yama*) gesagt werden, jedoch nicht an dieser Stelle.

Genauso wie die Sonne Saturn durch den Schatten und Pluto durch die Dämmerung entstehen lässt, so bringt sie Mars durch ihren roten Strahl hervor.

Nach den *Purânen* hat die Sonne drei Söhne bekommen.

1. Der erste Sohn *Yama* bzw. Pluto bewirkt Abgrenzung.
2. Der zweite Sohn *Sani* bzw. Saturn verursacht Begrenzung.
3. Der dritte Sohn *Kuja* bzw. Mars verursacht die Kraft.

Pluto ist der Ring „Überschreite-mich-nicht" für das Licht des Sonnensystems. Außerhalb dieses Rings herrscht die Dunkelheit des Himmels.

Saturn überschattet das Licht und wirft dadurch einen Schleier über das Begriffsvermögen.

Wird Mars in geeigneter Weise genutzt, dann ermöglicht er die Überwindung des saturnischen Schattens und der plutonischen Abgrenzungslinie. In dieser Funktion ist Mars mit Lord *Subrahmanya* verbunden, dem kosmischen Sohn von *Šiva*. Vorträge über Mars, Saturn und Pluto wird es an anderer Stelle geben.

31. Die Zahl 7

Der große Geometer, der in der *vedischen* Terminologie *Viśwakarma* und im griechischen System Pymandaris genannt wird, verringert den Glanz und die Helligkeit der kosmischen Sonne, um die solare und planetarische Sonne sowie die entsprechenden 7 Ebenen herunterzubringen.

- Auf der Erde gibt es 7 Existenzebenen.
- Auf der Ebene der planetarischen Sonne gibt es 7 Ebenen.
- Ebenso gibt es 7 Ebenen um die zentrale und die kosmische Sonne.
- Von einer Ebene zur nächsten wird durch den Geometer die Strahlkraft um das Siebenfache verstärkt oder verringert.
- Von oben betrachtet befindet sich unsere Erde auf der 7. Ebene. Sie bildet die dichteste der 7 Ebenen. Die dichte Materie, die wir erfahren, ist die 7. Unterebene der 7. Ebene, die letzte Ebene mit dem geringsten Licht. Als Menschen leben wir auf dieser 7. Unterebene der 7. Ebene, wenn wir weltlich sind. Wenn wir durch *Yoga*-Praxis unser Bewusstsein 7 Mal anheben, erreichen wir

unser *Sahasrâra*, das die 1. Unterebene der 7. Ebene darstellt.

- Unsere Arbeit besteht darin, unser Bewusstsein von der 7. Unterebene der 7. Ebene zur 1. Unterebene der 7. Ebene auszuweiten, denn dort können wir die Berührung durch die Füße des kosmischen Herrn erfahren. Weitere Einzelheiten dazu sind in dem Kommentar von Meister Djwhal Khul EINE ABHANDLUNG ÜBER KOSMISCHES FEUER in der Einleitung zu finden.

Wenn wir unser *Sahasrâra* erreichen, gelangen wir zur 1. Unterebene der 7. Ebene. Darauf ist unsere Arbeit begrenzt. Wenn wir vom Herz-Lotus oder *Âjnâ*-Lotus sprechen, beziehen wir uns nur auf die Lotusse der 7. Ebene, das ist die physische Ebene. Der *Âjnâ*-Lotus befindet sich auf der 2. Unterebene und der Herz-Lotus auf der 4. Unterebene der 7. Ebene, während der weltliche Mensch auf der 7. Unterebene der 7. Ebene lebt.

Die systematische Verringerung der Helligkeit wird in den *Purânen* dem großen Geometer *Viśwakarma* zugeschrieben. Dort heißt es, dass

Višwakarma den Kopf unserer Sonne rasierte und nur 7 Haarbüschel stehen ließ, weil er fürchtete, dass die Erde vielleicht nicht in der Lage sein könnte, das Licht der Sonne zu ertragen.

Materie und Geist sind Gegensätze, und ihre Übereinstimmung ist in der Sonne verborgen. Die Materie bildet den Ausgangspunkt für den Aufstieg des Bewusstseins in den Geist. Der Geist bildet den Ausgangspunkt für den Abstieg des Bewusstseins in die Materie. Doch der Entstehungspunkt von Materie und Geist liegt in der spirituellen Sonne. Symbolisch gesprochen ist die Sonne die Null des Raums, durch die der Übergang des Geistes in die Materie und der Materie in den Geist erfolgt.

Die Sonne ist der neutrale Punkt, durch den Materie und Geist hervorkommen und unterschiedliche Richtungen einschlagen. Es ist interessant zu beobachten, dass die Sonne den Platz in der Mitte einnimmt, während die männlichen und weiblichen Planeten sie auf verschiedenen Umlaufbahnen umrunden.

Saturn, Jupiter und Mars auf der einen Seite und Merkur, Venus und Mond auf der anderen Seite bringen die entsprechenden chemischen

Reaktionen herein, so dass sich die Erde manifestieren kann. Diese Anordnung des Sonnensystems mit der Sonne im Zentrum ist metrisch und musikalisch. Sie lässt 7 Sphären sowie 7 Skalen in Musik, Klang und Farbe entstehen. Der Eingeweihte Pythagoras, für den die Zahl 7 von besonderem Interesse war, erklärte in seinen Lehren die Musik der Sphären in Verbindung mit den Planeten, deren Ursprung und Quelle in der Sonne ist.

Wir geraten ins Staunen, wenn wir in der vollkommenen Symphonie verweilen, mit der die Schöpfung aufgebaut ist. Diese Symphonie schwingt ebenso in einem Atom wie im Kosmos. Wenn wir uns der Symphonie der Sonne anpassen, nehmen wir in uns die musikalische und geometrische Schönheit von Klang und Farbe wahr, die als die Schöpfung der Sonne regelmäßig in Erscheinung treten.

Diese Tafel, die wir hier für unseren Unterricht aufgestellt haben, können wir mit dem absoluten Gott vergleichen, mit dem Gott über allem. Mit einem Stück Kreide zeichne ich einen Punkt, und sofort wird eure Aufmerksam zu diesem Punkt hingezogen. Ein solcher Punkt ist ein

Kreis mit einem Zentrum. Sobald ein Zentrum auftaucht, ist auch sein Einflussbereich da.

Im selben Augenblick, wenn wir aufwachen, taucht unser Aktivitätsbereich wie aus dem Nichts auf, und wir bilden sein Zentrum. Wenn wir aufwachen, ist gleichzeitig unser Bewusstseinsumkreis da, und dieses Erwachen wird mit demselben Symbol dargestellt wie die Sonne.

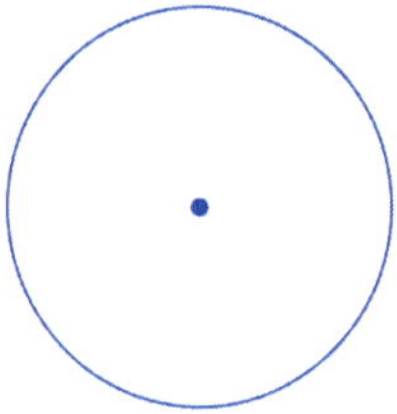

Jedes Mal, wenn wir einen Kreis mit einem Mittelpunkt sehen, zeigt dies ein Hervortreten aus dem Hintergrund an. Ohne Zentrum gibt es keinen Kreisumfang, und es kann auch keinen Kreisumfang ohne Zentrum geben. Ohne uns ist unsere Aktivität nicht vorhanden. Wenn wir aus dem Schlaf erwachen, sind wir gleichzeitig mit unserer Aktivität da.

Der Kreisumfang berührt alle 360° Richtungen, und deshalb sollte er als Kugel und nicht als Kreis verstanden werden. Auf diese Weise entstehen im Raum Lichtkugeln, die sich methodisch vervielfältigen. In den *Veden* heißt es: „Der unsichtbare Schwan legt Eier, und aus jedem Ei kommt serienmäßig ein weiteres Ei hervor." Anfangs fragten sich die Seher, wie viele ursprüngliche Eier es wohl gäbe, und die Antwort lautete: so viele, wie man sich vorstellen kann. Aus einem kosmischen Ei kommt eine Schöpfung hervor. Es bleibt ein Geheimnis, wie viele kosmische Eier gelegt wurden. Die *Purânen* sagen, dass im aktiven Raum eine beliebige Anzahl kosmischer Eier existiert.

Ein kosmisches Ei lässt eine Reihe kosmischer Zentren entstehen, die *Âdityas* (kosmische Sonnen) genannt werden. Aus jedem dieser *Âdityas* erscheinen zwölf *Savitru*-Zentren, aus jedem *Savitru*-Zentrum bilden sich zwölf Sonnenzentren, und jedes Sonnenzentrum wird im Wesentlichen von sieben Planeten umrundet. So haben es die Seher erschaut und aufgezeichnet.

Es gibt also eine Hierarchie solarer Energie, die man auch als Gewahrsein oder Bewusstsein bezeichnet.

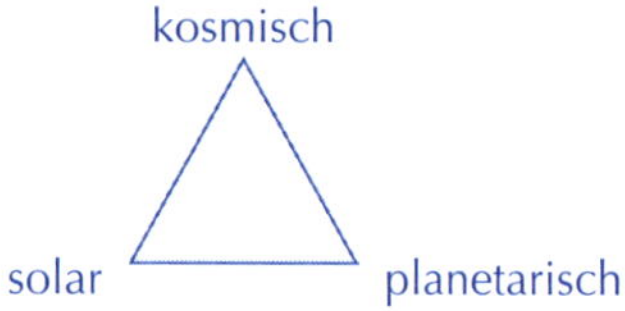

Aus dem reinen Bewusstsein, das unermesslich, grenzenlos und unerschöpflich ist, kommt das planetarische, solare und kosmische Bewusstsein hervor. Jenes unermessliche, grenzenlose und unerschöpfliche Bewusstsein bezeichnet man als Weltmutter. In den *Veden* wird das universale Bewusstsein *Aditi* genannt. *Aditi* bezeichnet das Gegenteil der Dunkelheit. *Diti* ist Dunkelheit, und *Aditi* ist das Licht, das auf die Dunkelheit scheint. Es ist die Grundlage für alle zukünftigen Schöpfungen.

Es wird auch *Gâyatrî* genannt, weil es metrisch und rhythmisch aufgebaut ist. Das universale Bewusstsein ist die Grundlage der 7 und wird daher das Achte genannt.

- 7 musikalische Klänge kommen aus ihm hervor.
- 7 Existenzebenen kommen aus ihm hervor.
- 7 ist der Schlüssel zur Schöpfung.
- Es gibt 7 schöpferische Götter.

- 7 ist der Schlüssel zu den Allegorien.
- Es gibt 7 Haupt-Prinzipien.
- Es gibt 7 Strahlen.
- Es gibt 7 Seher.
- Es gibt 7 *Tattvas*.
- Es gibt 7 Sinne.
- 7 ist die geheimnisvolle Zahl der Schöpfung.
- Es gibt 7 Winde.
- Es gibt 7 Feuer.

Alles, was siebenfach existiert, kommt in metrischer und musikalischer Form aus dem Hintergrund hervor, der der Achte ist. Auf der kosmischen, solaren und planetarischen Ebene wirkt die 8. 3 x 8 = 24. Das *Gâyatrî Mahâ Mantra* hat 24 Silben. Wir werden später auf die *Gâyatrî* zurückkommen. An dieser Stelle sollten wir verstehen, dass *Aditi* nichts anderes ist als *Gâyatrî*.

Gâyatrî wird auch *Saraswathî* genannt, weil das reine Bewusstsein in seinem Fluss verschiedene Existenzebenen erschafft. Die fließende Natur des Bewusstseins wird als *Saraswathi* bezeichnet. *Saraswathî* ist das fließende Bewusstsein.

Auch in uns fließt das Bewusstsein durch die *Nâdis*, und deshalb können wir eine Berührung am ganzen Körper, vom Kopf bis zu den Zehenspitzen spüren. Das Bewusstsein fließt in alle Richtungen. Während wir schlafen, zieht es sich zurück, um nach dem Erwachen zurückzufließen. Seine zurückweichende Natur wird *Sâvitrî* genannt. Das Bewusstsein zieht sich zurück, aber es verschwindet nicht. Es zieht sich zurück und kommt wieder.

Jeder Sonnenuntergang ist eine Verheißung des nächsten Sonnenaufgangs. *Sâvitrî* teilt uns mit, dass das Licht nicht stirbt, sondern sich zurückzieht, um von neuem zu erscheinen. Der Rückzug sollte nicht als Tod verstanden werden. Der Tod ist auch nichts anderes als ein Zurückziehen des Bewusstseins, so dass es wieder zum Vorschein kommen kann.

In festgesetzten Zeiträumen bringt sich das reine Bewusstsein in metrischen, musikalischen Klängen zum Ausdruck und zieht sich zurück. Für alle Zeit existiert es als das Achte. In 7 Schritten tritt es hervor und zieht sich später aus diesen 7 Schritten zurück, um das Achte zu sein. In einem kosmologischen System ist 8 die Zahl der Ewigkeit. Wenn man die Schöpfung mit der Schlüsselzahl 7 erklärt, wird die 8 die Zahl für die Ewigkeit. Erklärt man die Schöpfung mit der Schlüsselzahl 9, nimmt die Zahl 10 oder die 0 die Stelle der Ewigkeit ein.

Wenn wir von der Sonnenenergie sprechen, tun wir dies mit der Schlüsselzahl 7, und dann wird 8 die Zahl der Ewigkeit.

Die Inder bezeichnen *Krishna* als das achte Kind, das bedeutet, er ist der ewige EINE. Genauso ordnet man im Westen dem Christus die Zahl 8 zu.

In den *Veden* wird *Aditi, Gâyatrî, Saraswathî* und *Sâvitrî* die Zahlenpotenz 8 zugeordnet. Viele Namen werden der Weltmutter in den *Veden* zugeschrieben. Jeder speziellen Funktion, die von diesem ewigen Bewusstsein kommt, wird ein Name und eine Zahl zugeordnet. Die Seher gaben der Mutter 1008 Namen. Alle diese Namen werden überall in Indien gesungen, auch wenn ihre tiefgründige Bedeutung im Allgemeinen nicht erfasst wird.

32. Das doppelte Leben des Jüngers

Der dreifache Aspekt der Sonne kann auch dargestellt werden, indem man das Gesetz der Entsprechung anwendet. Die physische Sonne verkörpert die Persönlichkeit, die zentrale Sonne verkörpert das Seelenbewusstsein, und die kosmische Sonne verkörpert den Geist. Sie werden von dem Dreieck Sonne – Uranus – Neptun reguliert.

Die physische Sonne stellt die Vielfalt des Universums dar, die zentrale Sonne stellt die Dualität von Seele und Geist dar, die kosmische oder spirituelle Sonne stellt die Einheit dar. Einheit, Dualität und Vielfalt sind drei Dimensionen der einen Sonne. Die Sonne, die wir sehen, verhüllt die anderen Zwei, und bis wir in unserem Herzzentrum mit dem Herzen der Sonne Fühlung aufnehmen, können wir den Weg der Sonne nie in seinem eigentlichen Sinn verstehen.

Okkult ausgedrückt, der Mensch muss in seinem Herzen das Herz der Sonne berühren. In der Höhle unseres Herzens müssen wir die Verbindung mit der wahren Sonne aufnehmen, unter der unser planetarisches Licht letztendlich arbeitet. Wenn diese Verbindung hergestellt ist, führen wir zeitgleich zwei Leben. An diesem Punkt entsteht das spirituelle Leben aus dem Persönlichkeitsleben. Das Persönlichkeitsleben, das von der physischen Sonne geleitet wird, ist in der Welt irdischer Umtriebigkeit aktiv. Wenn die zentrale Sonne im Herzen hervorkommt, entsteht ein weiteres, subtiles Leben innerhalb des umtriebigen Persönlichkeitslebens. Dieses zweifache Leben besteht aus äußeren wie inneren Erfahrungen und Situationen. Langsam wird das äußere Leben ein scheinbares Leben, während das innere Leben zur Wirklichkeit wird. Und selbst dies ist noch eine relative Wirklichkeit, bis wir in die kosmische Sonne aufsteigen.

Wenn die Sonne im Herzzentrum aktiv ist, wird ein Aspirant zum Jünger. Allmählich stimmt sich sein äußeres Leben auf das innere Leben ab und wird sogar vom inneren Licht reguliert. Dieser Zustand zeigt sozusagen ein zweifaches Leben von Seele und Persönlichkeit an. Wenn wir in fortgeschrittene Bewusstseinsstadien aufsteigen, ordnet sich das Persönlichkeitsleben langsam der Seele unter. Anfangs erleben wir den Konflikt der Dualität, weil das Persönlichkeitsleben uns in das objektive Leben und die Seele uns zur subjektiven Lebensweise zieht. Das eine beeinflusst das andere, bis die Persönlichkeit sich der Seele anpasst. Der Bulle der Persönlichkeit, der vom Zeichen Stier beeinflusst wird, zieht uns in die Welt, während die Seele uns zu den Tiefen des Lebens hinzieht, um den Weg der Persönlichkeit umzukehren.

Die Umkehr des Lebens geschieht in der Tiefe des eigenen Herzens. Symbolisch wird sie die Tiefe im Skorpion genannt. Skorpion liegt dem Zeichen Stier gegenüber. Auf dem umgekehrten Rad ist Skorpion das fünfte Haus, in dem die Einweihung zur Geburt der Seele stattfindet. Wenn die Seele geboren wird, beginnt ein Leben in umgekehrter Richtung. Aus diesem Grund spricht Meister DK in seinem Buch Esoterische Astrologie von der Umkehr des Rades im Skorpion. Doch vorher finden viele Prüfungen in den entsprechenden Aktivitätsbereichen statt.

Jeder Aktivitätspunkt sollte als ein Aspekt der Neuausrichtung betrachtet werden. Zwischen Seele und Persönlichkeit findet ein großer Kampf statt. Da Skorpion das Zeichen des erfolgreichen Durchbruchs ist, überwinden wir schließlich die Persönlichkeit und stehen im Licht der Seele. Der Grundton des Skorpions ist Triumph.

Wir beginnen ein okkultes Leben zu führen. Durch Gedanken, Worte und Taten übertragen wir das göttliche Wissen in unser tägliches Leben. In dieser Lebensphase wird die planetarische Sonne durch Uranus ersetzt, der für die okkulten Schüler durch die Sonne arbeitet. Uranus durchbricht die Schranken der Persönlichkeit und gewährt den Schülern den Eintritt in das Licht der Seele. Gleichzeitig wird das Licht der Seele in großer Fülle in die Umgebung ausgestrahlt, da die Persönlichkeit ihre begrenzende Einflussnahme einstellt. Sie wird zu einer seelendurchdrungenen Persönlichkeit und unterstützt deshalb uneingeschränkt das Leben ringsum. In noch weiter fortgeschrittenen Stadien übernimmt Neptun diesen Platz und führt magnetische, künstlerische Arbeit aus. Einzelheiten dazu sind in dem Buch ESOTERISCHE ASTROLOGIE nachzulesen, und sie können durch Meditation über das unten abgebildete Dreieck erkannt werden.

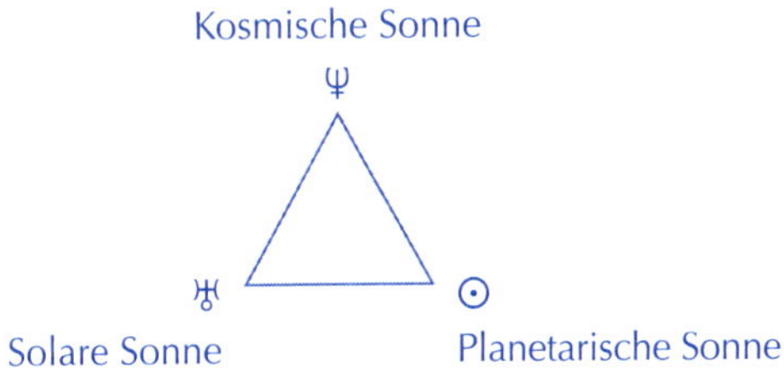

Wenn die Seele im Herzen geboren wird, entfaltet sie ihre Aktivität, während die Persönlichkeit ihre Tätigkeit fortsetzt. Jedoch durchkreuzt die Seele die Lebensaktivität der Persönlichkeit nicht, denn die Seelentätigkeit geschieht, während die Persönlichkeit schläft. Solange die Persönlichkeit schläft, abreitet die Seele, und wenn die Persönlichkeit erwacht, weicht die Seelentätigkeit zurück und wartet wieder auf einen günstigen Zeitpunkt. Normalerweise wird in einem Jünger der Tag für das Leben der Persönlichkeit genutzt, z. B. für die Familie, den Beruf und die Gesellschaft. In den Nachtstunden, wenn die Persönlichkeit schläft, verlässt die Seele unter der Führung des Lehrers den Körper. Sie hält jedoch die Verbindung zum Körper mithilfe des Lebensfadens aufrecht. Die Seele steht unter der Führung des Lehrers und arbeitet daher nach dessen Anweisungen. Sie lernt auch zusammen mit anderen Jüngern des Lehrers in dessen *Ashram*. Daher ist es für okkulte Schüler wichtig, ihre Schlafenszeit planmäßig zu organisieren. Sie sollten das abendliche Schlafengehen als Eintritt in einen Weisheitstempel auf der subtilen Ebene betrachten oder auch als Annäherung an das subtile, göttliche Reich, in dem sie die Möglichkeit haben, ihren spirituellen Kollegen, Lehrern und Engeln zu begegnen. Für solche subtilen Tätigkeiten sollten sich die Schüler unbedingt anbieten, bevor sie einschlafen. Ihnen wird auch empfohlen, die Unterstützung des Lehrers zu erbitten. Unter der kompetenten Leitung des Lehrers lernen die Schüler viele Dimensionen des Lichts kennen und prägen sich die Tätigkeiten des subtilen Lebens eindrücklich in ihr Bewusstsein ein.

Genauso wie der Mensch einen Körper für sein Persönlichkeitsleben entwickelt hat, baut auch die Seele allmählich einen Körper für das Seelenleben auf. Dieser Körper besteht aus goldenem Licht. Viele Jahre lang führen die Schüler ein doppeltes Leben, eins in den Nachtstunden und eins tagsüber. Auf das subtile Leben bereiten sich die Schüler genauso vor wie auf das äußere Leben. In fortgeschrittenen Stadien überrundet das Seelenleben das Persönlichkeitsleben, und infolgedessen läuft nur ein Programm im Subtilen und im Äußeren ab. Mit anderen Worten, das Persönlichkeitsleben ist im Einklang mit dem Seelenleben. Damit findet das doppelte Leben seine Vollendung in einem Leben des Lichts.

iese Arbeit in der Menschheit wird von Uranus, dem Planeten des neuen Zeitalters beschleunigt, seitdem seine Anwesenheit von der Menschheit erkannt wurde. Uranus ist ein Repräsentant des zentralen Sonnensystems, und er bietet die Gelegenheit zur Geburt der Sonne im Herzzentrum. Diese Geburt und das weitere Wachstum ereignen sich nach und nach für die Schüler. Uranus ist ein Planet, der außergewöhnliche Geschwindigkeit an den Tag legt. Deshalb bildet er den Lichtkörper schneller, wenn wir über ihn im Herzzentrum meditieren. Ein Klangschlüssel für diese Geburt der Sonne im Herzen wurde vom Meister des Wassermann-Zeitalters gegeben. Es ist „*CVV*". Diesen Klang sollten wir in der Höhle des Herzens sprechen und dabei im Herzen genau zuhören. Durch das Sprechen dieses Klangs und das Zuhören wird ein Prozess in die Wege geleitet, den wir wenigstens 15 Minuten beobachten sollten. Wer diese Übung regelmäßig zweimal täglich durchführt, wird zu gegebener Zeit das zweifache Leben entwickeln. Dann werden wir ein ewig währendes Leben innerhalb des endlichen Persönlichkeitslebens beginnen. Dies ist der unmittelbar nächste Schritt, vor dem die Menschheit steht und daher besonders wichtig für alle Schüler, die dem Weg des Lichts mithilfe okkulter Übungen folgen wollen.[3]

Neptun bewirkt die Vereinigung der Seele und schenkt die Erfahrung der Einheit. Lord *Krishna* übermittelte diese Erfahrung der Einheit durch die neptunische Musik, die aus seiner Flöte ertönte. Lord *Maitreya* lenkt die neptunischen Energien auf dem Planeten, so dass die Seelen in der Einheit der Existenz verschmelzen. Lord *Dattâtreya* ist ein weiteres großes Wesen, das diese Tätigkeit auf unserer Erde schon seit lemurischen Zeiten ausführt. Auch heute noch ist der Weg von *Dattâtreya* aktiv. Es ist ein Weg, auf dem das Selbst in das Über-Selbst und das Über-Selbst in den Geist absorbiert werden. Dies geschieht durch eine Einweihung, die von einem *Guru* des *Dattâtreya*-Systems durchgeführt wird. Dieser Weg bleibt geheimnisvoll, und in Indien ist er immer noch aktiv. Wer dem Weg folgt, der ihm von seinem *Guru* gezeigt wurde, durchläuft Umwandlungen, die über sein

3 Anmerkung: Weitere Einzelheiten dazu sind in den Büchern DER WASSERMANN-MEISTER und URANUS – DER ALCHEMIST DES ZEITALTERS vom selben Verfasser zu finden.

Verstehen hinausgehen. Doch bei Lord *Maitreya* ist die neptunische Arbeit mit der Wissenschaft von Uranus verbunden. Die Tätigkeit von Neptun setzt erst nach der Arbeit von Uranus ein. Auf ihrem Höhepunkt wird jede Wissenschaft kunstvoll. Die Kunstform der Wissenschaft wird von Neptun repräsentiert. Lord *Maitreya* und der himmlische Weise *Nârada* leiten diesen Weg. Die neptunische Verschmelzung führt zu Glückseligkeit und Ekstase. Dinge und Ereignisse geschehen in glanzvoller Weise durch die Jünger dieses Weges. Schönheit, Herrlichkeit, unmittelbare Weisheit und spontane, augenblickliche Handlungen sind einige der Eigenschaften der neptunischen Arbeit. Lord *Maitreya* erhielt die Berührung von Neptun als Einweihung durch Lord *Krishna*, als dieser die Erde verließ. Wer die Berührung, die Einheit und Verschmelzung von Neptun, erhält, wird über die sieben Unterebenen der siebten Ebene der kosmisch-physischen Existenz zur achten Ebene erhoben. Infolge dieser Verschmelzung geht er in Musik und Tanz auf. Lord *Krishna* erhob die Lebewesen in seiner Umgebung durch seine Flötenmusik auf diese achte Ebene. Sie wird *Go-Loka* genannt.

33. Die Geschichte von *Sâvitrî*

Das MAHÂBHÂRATA enthält sehr viele tiefgründige Allegorien in Bezug auf dieses jährliche Schauspiel von Licht und Dunkelheit. Es sind die Geschichten von *Aditi* und *Diti*, die Geschichte von *Sâvitrî*, die Geschichte von *Garuda*, die Geschichte von *Udanka* usw. Der erste Gesang des MAHÂBHÂRATA ist voller Allegorien über die Entstehung des Kosmos und des Menschen.

Die Geschichte von *Sâvitrî* ist von besonderem Interesse. Sie enthält die Geburt und das Wiedererwachen des Sonnenlichts durch jenes Licht, das *Sâvitrî* genannt wird. Die Geschichte von *Sâvitrî* steht im 9. Gesang der DEVI BHÂGAVATA und im *Vana Parva*, dem 293. Kapitel des MAHÂBHÂRATA. Sie wird hier kurz vorgestellt und ihre Bedeutung erklärt.

Im Land *Madra*, das in den *Purânen* berühmt ist, gab es einen König namens *Aśwapati*. Seine Frau hieß *Malati*. Das Paar war schon alt geworden und hatte keine Kinder bekommen. Beide verehrten die Göttin *Sâvitrî*. Nachdem sie 18 Jahre lang viele Eide geschworen und Gebete gesprochen hatten, erschien die Göttin vor ihnen und gewährte ihnen die Gunst, dass sie eine Tochter bekommen würden. Das Paar kehrte in den Palast zurück, und *Malati* wurde schwanger. Sie brachte eine Tochter zur Welt, die sie *Sâvitrî* nannten. Die Göttin *Sâvitrî* ist das Licht, das man nach Sonnenuntergang sieht. Es verheißt die Rückkehr der Sonne am nächsten Morgen. Sie ist auch das Licht, das im Osten vor Sonnenaufgang erscheint und die Ankunft der Sonne ankündigt.

Sâvitrî wuchs heran, als hätte sich *Lakshmi,* die Göttin der Herrlichkeit, inkarniert, und sie erblühte zu einer schönen jungen Frau. Weil sie so außergewöhnlich strahlend und schön war, meldete sich niemand, der sie heiraten wollte.

An einem Neumondtag badete sie und reinigte sich. Nachdem sie den Segen der *Brâhmanen* erhalten hatte, ging sie zu ihrem Vater. Der König schaute seine Tochter an und fühlte sich beglückt. Doch schon im nächsten Augenblick war er sehr traurig, weil kein geeigneter Prinz da war, der sie heiraten wollte. Also empfahl er seiner Tochter, in der Welt herumzureisen und selbst einen Ehemann auszuwählen. Daraufhin reiste *Sâvitrî,* so wie ihr Vater ihr geraten hatte, durch die Wälder, in denen Einsiedler lebten, und sie nahm die älteren Minister des Königs mit.

Nachdem sie durch die Einsiedeleien gewandert war, kehrte sie zum Palast zurück. Dort sah sie, wie der König, ihr Vater, mit dem himmlischen Weisen *Nârada* sprach. Sie verneigte sich vor ihrem Vater und vor *Nârada*. Als *Nârada* sie erblickte, fragte er neugierig nach ihrer Heirat. Der Vater antwortete, dass er seine Tochter weggeschickt hatte, damit sie sich einen Ehemann suchen sollte.

Nârada sagte: „Ich habe mir den Prinzen *Satyavân* als Mann ausgesucht. Er ist der Sohn des Königs *Dyumatsena* von *Salva*. *Dyumatsena* ist mit zunehmendem Alter erblindet. Seine Feinde nutzten diese Gelegenheit und haben sein Land erobert. *Dyumatsena* ist mit seiner Frau und seinem Sohn in den Wald gegangen, und dort leben die Drei jetzt."

Der König fragte *Nârada* nach den charakterlichen Eigenschaften von *Satyavân*. *Nârada* antwortete: „*Satyavân* ist strahlend hell wie die Sonne, intelligent wie *Brihaspati*, tapfer wie *Indra* und geduldig wie die Erde." *Aświapati* war hocherfreut, als er von *Satyavâns* guten Eigenschaften hörte, und er fragte *Nârada*, ob wohl etwas gegen *Satyavân* sprechen würde. *Nârada* antwortete, dass er nichts gegen *Satyavân* sagen könne, außer dass er heute in einem Jahr sterben würde.

Als der König dies hörte, war er tief bekümmert. *Sâvitrî* bekräftigte, dass sie *Satyavân* als ihren Ehemann angenommen hatte und dass nichts sie dazu veranlassen könnte, ihren Entschluss zu ändern. Der König gab dem Wunsch seiner Tochter nach, und so begannen die Vorbereitungen für ihre Hochzeit. Zusammen mit *Sâvitrî* begab sich der König in den Wald und besuchte *Dyumatsena*, der der Heirat freudig zustimmte. *Aświapati* führte die Hochzeit durch und kehrte anschließend in seinen Palast zurück. *Sâvitrî* ließ er mit *Satyavân* und seinen Eltern zurück. Gleich nachdem *Aświapati* zurückgegangen war, legte *Sâvitrî* ihren Schmuck ab und zog passende Kleidung für das Leben im Wald an. Von nun an lebte sie mit *Satyavân* und seiner Familie.

Fast ein Jahr verging, und *Satyavâns* Todestag rückte schnell heran. Es blieben nur noch vier Tage. *Sâvitrî* legte ein Versprechen ab, dass sie von nun an drei Tage fasten würde. *Dyumatsena* riet ihr vom Fasten ab, aber *Sâvitrî* bestand darauf und erhielt daraufhin die Erlaubnis von *Dyumatsena*. Nachdem sie das Fasten beendet hatte, blieb nur noch eine Nacht, um ihren Schwur zu vollenden. Die ganze Nacht über blieb sie wach. Obwohl sie ihr Versprechen eingelöst hatte, aß sie auch am folgenden Tag noch nichts. *Dyumatsena* wollte den Grund dafür wissen. In aller Bescheidenheit antwortete sie, dass sie erst nach Sonnenuntergang essen würde. Wie üblich nahm *Satyavân* seine Axt und ging los, um Holz aus dem Wald zu holen. *Sâvitrî* folgte ihm.

Satyavân: „Du hast mich bisher noch nie begleitet, und heute bist du sehr schwach, weil du gefastet hast. Wie kannst du in dieser Situation mit mir kommen?"

Sâvitrî: „Das Fasten hat mich keineswegs geschwächt. Ich möchte mit dir kommen. Ich bitte dich, halte mich nicht auf."

Schließlich stimmte *Satyavân* zu, nachdem er die Erlaubnis seiner Eltern bekommen hatte. Beide gingen in den Wald, um Früchte und Wurzeln zu sammeln. Nachdem sie schon einiges zusammengetragen hatten und *Satyavân* anfing, Holz zu schlagen, fühlte er sich plötzlich sehr erschöpft und schwitzte am ganzen Körper. Gleich darauf bekam er heftige Kopfschmerzen.

„Ich will mich hinlegen", sagte er.

Im selben Augenblick fiel die Axt aus seiner Hand, und er sank zu Boden. *Sâvitrî* fing ihren Mann mit den Händen auf und bettete ihn auf ihren Schoß. Dann erblickte sie eine Person, die in blutrote Gewänder gehüllt war. Sie hatte rote Augen, und mit einer Schlinge in der Hand kam sie auf *Sâvitrî* und *Satyavân* zu. Die Person kam immer näher. Sie schaute auf den Körper von *Satyavân* und blieb stehen. *Sâvitrî* erkannte, dass es *Kâla,* der Gott des Todes war. Sogleich stand sie auf und verneigte sich vor ihm.

Sâvitrî: „Mein Herr, wer sind Sie? Weshalb sind Sie hierhergekommen?"

Yama: „Hallo *Sâvitrî*. Du bist eine reine, unverdorbene Einsiedlerin, deshalb rede ich mit dir. Ich bin *Yama,* und ich bin gekommen, um das Leben deines Ehemannes wegzunehmen."

Sâvitrî: „Mein Herr, ich habe gehört, dass Sie Ihre Botschafter schicken, um die Seelen mitzunehmen. Wie kommt es, dass Sie heute persönlich erscheinen?"

Yama: „*Satyavân* ist ein redlicher Mensch, ein Ozean voll guter Charaktereigenschaften. Bei solchen Personen werden keine Botschafter geschickt."

Mit diesen Worten warf *Yama* seine Schlinge und holte die Seele von *Satyavân* heraus. *Sâvitrî* sah, wie der Körper ihres Mannes leblos und seelenlos dalag. Dann machte sich *Yama* mit der Seele von *Satyavân* nach Süden auf, und *Sâvitrî* folgte ihm.

Yama: „Kind, geh zurück und führe die Bestattung für den Körper von *Satyavân* durch. Du bist deinem Mann gefolgt so weit du kannst."

Sâvitrî: „Ich begleite meinen Mann, egal wohin er gebracht wird. Das ist die Pflicht einer Ehefrau. Was sollte mich daran hindern, Ihnen zu folgen, wenn ich die Verdienste des Eides, des Fastens, der Hingabe zu meinen Eltern, der Liebe und des Respekts gegenüber meinem Mann und sogar Ihr Wohlwollen habe, mein Herr?"

Als *Yama* merkte, dass es schwierig werden würde, *Sâvitrî* zurückzuschicken, bot er ihr an, dass sie ihn um eine Gunst bitten dürfe. *Yama* war bereit, ihr außer dem Leben von *Satyavân* alles zu geben.

Da bat *Sâvitrî* darum, dass ihr Schwiegervater *Dyumatsena* sein Augenlicht zurückerhalten möge, und *Yama* erfüllte ihren Wunsch. Trotzdem ging *Sâvitrî* nicht zurück.

Um sie davon abzubringen, *Satyavân* weiterhin zu begleiten, war es *Yama* eine Freude, *Sâvitrî* ein weiteres Geschenk zu machen.

Da bat sie darum, dass *Dyumatsena* sein verlorenes Königreich wiederbekommen solle.

Auch diese Bitte wurde von *Yama* bewilligt. Aber immer noch folgte sie *Yama*, der daraufhin bereit war, ihr einen dritten Wunsch zu erfüllen.

Sâvitrî bat: „Mein Vater soll bitte hundert Söhne bekommen, die die Familienkette weiterführen." Auch dies gewährte *Yama*. Trotzdem ging *Sâvitrî* nicht zurück.

Yama war von *Sâvitrîs* Zielstrebigkeit und Pflichtgefühl tief beeindruckt. Deshalb wollte er ihr eine vierte und letzte Gunst erweisen.

Sie sagte: „Ich möchte hundert rechtschaffene Söhne haben", und *Yama* gewährte ihr dies.

Daraufhin lächelte *Sâvitrî* und sagte: „Oh Herr des Todes, wie soll ich ohne meinen Ehemann hundert rechtschaffene Söhne bekommen?"

Yama fand Gefallen an ihrer Liebe und Hingabe zu ihrem Mann und gab *Satyavâns* Leben zurück. Er segnete *Sâvitrî* und sagte, dass sie und *Satyavân* 100 Jahre alt werden sollten. Dann verschwand er.

Sâvitrî kehrte zurück. Sie setzte sich, nahm *Satyavâns* Körper auf ihren Schoß, und er erwachte zum Leben. Die Nacht brach an, und beide standen auf. Da die Dunkelheit einsetzte, konnten sie den Weg nicht mehr finden. Aber *Satyavân* wollte unbedingt zu ihrer Einsiedelei zurück. *Sâvitrî* nahm die Axt und stützte ihren Mann im nächtlich-trüben Licht. So kamen sie schließlich bei der Einsiedelei an.

Dyumatsena hatte sein Augenlicht zurückbekommen. Zusammen mit seiner Frau begann er überall im Wald nach seinen Kindern zu suchen. Schließlich fanden sich alle und kehrten gemeinsam zur Einsiedelei zurück.

Dann erzählte *Sâvitrî* alles, was geschehen war. Alle waren hocherfreut und überglücklich. Inzwischen waren Soldaten aus dem *Salva*-Reich bei der Einsiedelei angekommen. Sie berichteten von einem gelungenen Staatsstreich. Der König, der *Dyumatsena* den Thron entrissen hatte, war getötet worden, und seine Sippe war geflohen. Sie sagten auch, dass alle Minister auf die Rückkehr von *Dyumatsena* warteten, um ihn erneut zu krönen. Daraufhin kehrten alle nach *Salva* zurück, und *Dyumatsena* wurde zum König von *Salva* geweiht.

In Indien ist diese Geschichte von der Überwindung des Todes und vom Wiedererwachen allgemein bekannt. Sie enthält drei Hauptcharaktere: *Sâvitrî, Satyavân* und *Yama* bzw. Pluto, der Herr des Todes.

Satyavân steht für die Sonne, die eine Verkörperung des ursprünglichen Lichts *Sâvitrî* ist. Dieses ursprüngliche Licht durchströmt und erfüllt alles. Es ist allgegenwärtig, allmächtig und wird von der Dualität nicht berührt. *Sâvitrî* ist das grenzenlose, ewige Licht. *Satyavân* ist eine Sonne, die aus diesem Licht entstanden ist. Mit anderen Worten, *Satyavân* ist die Geburt eines Zentrums im unbegrenzten Raum des Lichts.

Wenn ein Zentrum geboren wird, sondert es sich selbst und seinen Kreisumfang, den es erzeugt, naturgemäß vom Hintergrund ab und erhält auf dem Hintergrund eine Identität. Das Zentrum entwickelt sich zu einem Sonnensystem, das nichts anderes ist als eine Projektion des ursprünglichen Lichts durch die Sonne als sieben Planeten. *Satyavân* verkörpert das abgesonderte Bewusstsein, das vom universalen Bewusstsein getrennt ist.

Wenn eine Sonne geboren wird, gibt es eine sichere Prophezeiung, die ihren Tod bezeichnet. Sobald auf dem Hintergrund der Ewigkeit etwas geboren wird, gibt es auch seinen Tod. Nachdem etwas hervorgekommen ist, folgt schließlich die Wiederherstellung der Einheit. Eine Welle, die sich aus dem Meer erhebt, wird mit absoluter Sicherheit schließlich wieder eins mit dem Meer werden.

Satyavân ist ein Zentrum. Es entwickelt sich, existiert eine Zeitlang und vereint sich später wieder mit dem Ursprung, aus dem es hervorgekommen ist. Geburt, Entwicklung, Blütezeit und Tod bilden einen Zyklus. Alles, was geboren ist, unterliegt einer Zeitdauer. Alles, was geboren ist, muss sterben.

Daher war geweissagt worden, dass *Satyavân* in einem Jahr, das heißt innerhalb eines Zeitzyklus, sterben würde. Wird ein Zentrum geboren, dann wird zugleich seine Umgrenzung geboren. Der Kreisumfang ist eine Umgrenzung, die den Aktivitätsbereich des Zentrums anzeigt. Wenn eine Sonne geboren wird, hat sie ihren Aktivitätsbereich des Lichts, der begrenzt ist. Die Begrenzung besteht in alle 360° Richtungen, und sie ist nur vorhanden, wenn ein Zentrum da ist. Sie ist nicht vorhanden, wenn es kein einzelnes, abgesondertes Zentrum gibt. Somit wird der Kreisumfang zum Ring „Überschreite-mich-nicht", über den das Sonnenlicht nicht hinausgeht. Der Ring „Überschreite-mich-nicht" ist eine Begrenzung, und diese Begrenzung ist Pluto. Mit dem Ende seiner Lebensdauer muss *Satyavân*, der hervorgekommen ist, zwangsläufig wieder in der Einheit verschmelzen. Alles, was hervorgekommen ist, lebt in der Dualität. Deshalb muss zur festgesetzten Stunde der Tod eintreten. So ist das Gesetz.

Aber *Sâvitrî*, das unbegrenzte, uneingeschränkte ursprüngliche Licht, ist mit *Satyavân* verbunden, und genauso ist *Satyavân* mit *Sâvitrî* verbunden. Wenn das begrenzte Bewusstsein in fortwährender Verbindung mit dem unbegrenzten Bewusstsein lebt, hat die Dualität von Geburt und Tod keine Geltung. *Yama* bzw. Pluto kann seine Arbeit nicht tun, wenn Sâvitrî mit *Satyavân* verbunden ist. Falls *Satyavân* sich von *Sâvitrî* trennt, bleibt er begrenzt und erleidet den Tod. Da *Sâvitrî* dieses universale Prinzip kennt, bleibt sie bei *Satyavân*. Sie beschließt ihn zu heiraten, obwohl ihr klar ist, dass es *Satyavân* bestimmt ist, in einem Jahr zu sterben. Sie begleitet ihn Tag und Nacht. Sie begleitet ihn sogar an seinem Todestag in den Wald, um dafür zu sorgen, dass er nicht stirbt. Schließlich gewinnt *Sâvitrî Yama* für sich. Das ist nur natürlich, denn sie ist das allgegenwärtige, allmächtige, uneingeschränkte Licht, das nicht umgrenzt werden kann. Das begrenzende, umschreibende Prinzip ist auf sie nicht anwendbar. Genauso wenig ist es auf jene anwendbar, die sich mit diesem Licht verbinden.

In der Geschichte von *Sâvitrî* ist die Essenz der alten Weisheit, der Mythos von Geburt und Tod gut dargestellt. Wenn die Lebewesen in der Schöpfung hervorkommen, haben sie eine Möglichkeit, ewig zu bleiben, indem sie sich mit der Ewigkeit, mit dem grenzenlosen, grundlosen Licht verbinden. Auf diese Weise haben die *Kumâras*, die sieben Seher, die 14 *Manus* eine ewige Existenz erreicht. Das 9. Kapitel der

BHAGAVAD GÎTÂ enthält diesen Schlüssel: „Wer in ewiger Verbindung mit dem Göttlichen lebt, bleibt unsterblich. Für ihn gibt es keinen Tod, sondern nur ein Wechsel des Gewandes."

In dieser Weise ist die Sonne unseres Sonnensystems mit der zentralen Sonne *Savitru* verbunden. *Savitru* ist *Sâvitrî*. Die zentrale Sonne ist wiederum mit der kosmischen Sonne verbunden, und die kosmische Sonne ist aus dem ursprünglichen Licht hervorgekommen, mit dem sie in Verbindung bleibt. Daher stirbt keine der drei Sonnen.

Als Einheiten des ICH-BIN-Bewusstseins sind wir Menschen auch Sonnen. Wenn wir uns in einen Zusammenhang mit der dreifachen Sonne und dem ursprünglichen Licht bringen, leben auch wir ewig und sterben nicht. Stattdessen schauen wir bewusst zu, wenn wir den Körper aus Fleisch verlassen. Die *Yoga*-Wissenschaft dient dem bewussten Verlassen des Körpers.

Wer seinen Körper bewusst verlässt, wird zum Wegweiser und Führer für jene, die den Tod überwinden möchten. Dafür sind ein selbstauferlegter Rhythmus und die Unterwerfung unter bestimmte Methoden erforderlich. Wenn wir jenen Methoden folgen, lösen wir uns von unserem Körper aus Fleisch und Blut und bleiben trotzdem in ihm, genauso wie die Erdnuss in der Schale. Sie hat sich von der Schale gelöst und bleibt trotzdem darin. Auch wenn die Schale aufgebrochen wird, bleibt die Erdnuss unversehrt. Es ist wie bei dem Küken im Ei, das sich entwickelt. Langsam erhält es seine Form und löst sich von der Eierschale. Dieses Wissen, seine Anwendung und seine Vollendung ist die unmittelbar bevorstehende Einweihung, die für die Menschheit vorgesehen ist.

Kapitel 7

34. Sonnen – Dreiecke

Es gehört ebenfalls in diesen Zusammenhang zu beachten, dass die Sonne im Steinbock, dem 10. kosmischen Haus, ihre nördliche Reise beginnt. Dies symbolisiert den Aufstieg der Seele. In diesem Sonnenzeichen wird die erste Dekade von Saturn, die zweite Dekade von Uranus und die dritte Dekade von Neptun regiert.

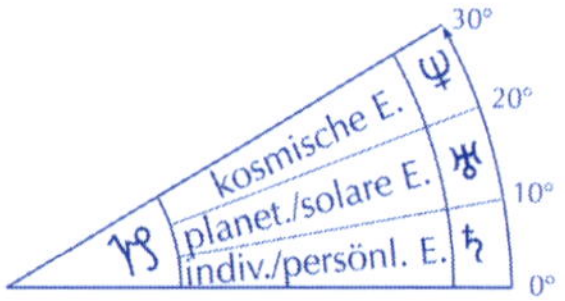

Uranus und Neptun spielen im Steinbock eine herausragende Rolle, und deshalb gilt der Steinbock als Einweihungszeichen. Wir sollten beachten, dass Steinbock wiederum das 3. Haus auf dem umgekehrten Rad und daher ein Einweihungszeichen für die Menschheit ist. Steinbock enthält die Potentiale von Wassermann und Fische, deren Regenten Uranus und Neptun sind. Im Monat Steinbock sind die Einweihungsenergien von Uranus über Saturn zugänglich. Saturn ist der Hüter der Schwelle. Jeder Schüler muss sich die saturnische Disziplin aneignen. Solange er sich dieser Disziplin widersetzt, kann er nicht in den Tempel eintreten. Saturn gilt als der große alte Meister, der alle Schüler in Hinblick auf ihre Geduld, Nachsicht, Toleranz, das Ertragen von Ungerechtigkeit, die Fähigkeit warten zu können, die Fähigkeit sich nicht enttäuschen zu lassen, die Fähigkeit Verzögerungen hinzunehmen usw. auf die Probe stellt. Ungeduldige oder gereizte Personen können nicht in den Tempel eintreten. Saturn steht an der Schwelle zum Tempel und schickt die Schüler zurück, bis sie die saturnischen Qualitäten gelernt und ihr persönliches *Karma* in angemessener Weise erfüllt haben. Ohne die notwendigen Hausaufgaben gemacht zu haben, können die Schüler nicht in den Tempel eintreten. Aus diesem Grund stellt jeder Meister der Weisheit zuerst ein saturnisches Programm für seine Anhänger auf. Wer den Versuchungen Saturns standhält, darf in die Halle des Lernens und später in die Halle der Weisheit eintreten. Nachdem er die Anforderungen von Saturn erfüllt hat, wird der Schüler zur Uranus-Energie geführt, die das Leben der Jüngerschaft eröffnet. Steinbock enthält alle drei Schritte zur Erkenntnis der Wahrheit: die Reinigung der Persönlichkeit durch Saturn, die Entfaltung der Seele durch Uranus und die Verschmelzung der Seele mit der Überseele durch Neptun, denn Steinbock ist das 10. Haus. Die 10 ist die Zahl der Erfüllung. Jedem Weisheitsschüler wird dringend geraten, die Steinbock-Energien, die jedes Jahr 30 Tage lang angeboten werden, zu nutzen.

Durch angemessene Verwendung der angebotenen Energien kann man vom Persönlichkeitsleben in das Seelenleben eintreten. Aus diesem Grund nutzte Meister CVV neben den Zwillingen den Steinbock für die Einweihung. Seine Hauptarbeit besteht darin, die menschlichen Seelen in ihre *Antahkarana* zu führen.

Um es noch einmal zusammenzufassen: Für die Schüler ist es notwendig, die Sonne in ihrem eigenen Herzen zu finden. Damit beginnt das Öffnen der Tür zum ewigen Licht. Die äußere Verehrung der Sonne hat nicht viel Sinn, aber die drei Sonnen in sich selbst zu erkennen ist die wahre Arbeit in Zusammenhang mit der Sonne.

Außer dem oben erwähnten Dreieck Sonne – Uranus – Neptun gibt es noch weitere Dreiecke, mit denen wir in Bezug auf die Sonnenenergie arbeiten können, z. B. das Dreieck Sonne – Mond – Neptun.

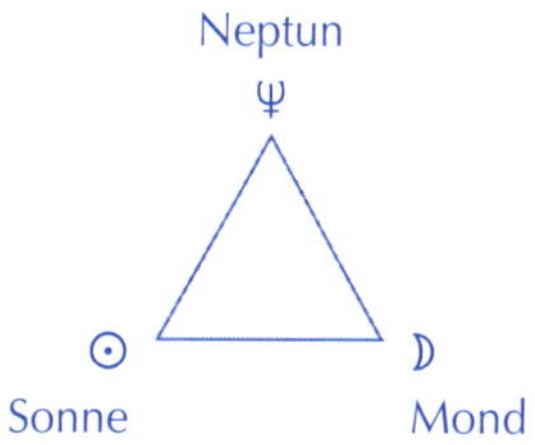

Dieses Dreieck öffnet die Türen zu den heiligen Energien. Mithilfe eines Trigons zwischen Sonne, Mond und Neptun können wir durch den Mond die Schönheit der neptunischen Herrlichkeit erfahren. Die neptunische Herrlichkeit ist voller Glückseligkeit, Liebe, Durchdringung, Kühle und Ekstase. Wer einmal von dieser Herrlichkeit ergriffen wurde, hat keinen Blick mehr für seine Umgebung und ihre Wirkung auf ihn. Das bedeutet nicht, dass er der Welt verloren gegangen ist. Er bleibt in der Welt, ohne sich jedoch tiefgreifend mit ihr zu verbinden, und er übermittelt Schwingungen der Liebe, des Friedens, der Ausgeglichenheit, Glückseligkeit usw. Die Menschen haben das Verlangen, ihn zu besuchen und in seiner Gegenwart zu sein. Wer von diesen Dreiecksenergien erfüllt ist, lässt sich in keine weltlichen Aktivitäten hineinziehen, auch nicht in die Lehr- oder Heilungstätigkeit, in Diensthandlungen oder in Handlungen guten Willens. Er bleibt, wo er ist. Die Menschen kommen zu ihm, erhalten Inspiration und finden ihren Weg zur nächsten Stufe der Weiterentwicklung. Zuweilen geben sich Personen mit diesen Dreiecksenergien ganz der Musik hin, um die Wesen in ihrer Umgebung zu erheben.

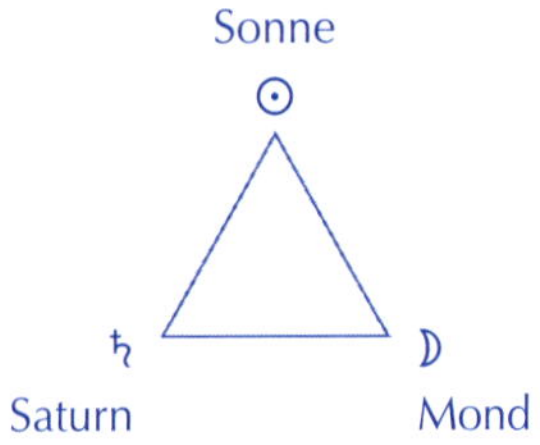

Dies ist ein Dreieck für die Jüngerschaft, denn es enthält Saturn, Sonne und Mond. Ist der Mond mit Saturn verbunden, entwickeln sich tieferes

Verstehen, Genauigkeit und sogar Intuition. Solche Fähigkeiten ermöglichen tiefgründiges Sehen und Hören sowie die Stabilisierung des Mondes. Das ist ein entscheidender Schritt im *Yoga*. Der Mond ist wankelmütig und unbeständig. Durch die Verbindung mit Saturn wird der Mond gefestigt, so dass man imstande ist, das Licht des Bewusstseins (der Sonne) wahrzunehmen. Dies ist ein ganz wesentliches Dreieck in Zusammenhang mit der Sonne.

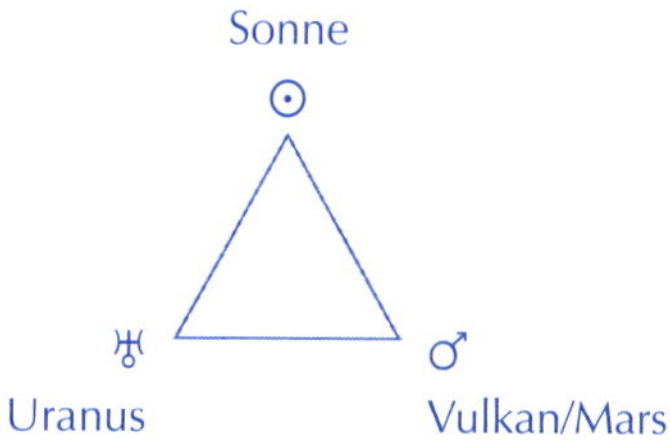

Nach Meister Djwhal Khul gibt es ein weiteres Dreieck, mit dem wir arbeiten können. Er nennt es das Dreieck der Synthese, und es besteht aus Uranus, Sonne und Vulkan. Uranus ist die Energie dieses Wassermannzeitalters. Vulkan/Mars stimuliert sie in den Menschen, so dass sie das Selbst und die entsprechende Synthese erfahren können. Die Arbeit von Mars/Vulkan ist die

Aktivität, und dieser Weg wird *Karma Yoga* genannt. In der heutigen Welt, in der der felsenfeste Glaube an Aktion und emsiges Bemühen seinen Höhepunkt erreicht hat, ist dies von großer Bedeutung. Mars stimuliert zur Aktivität, und Uranus beschleunigt sie um das Hundertfache. Sofern die Aktivität dem uneingeschränkten Dienst gewidmet ist, wird der Schüler mit Sicherheit die Sonnenenergie, die Seele, erkennen. Das Geheimnis dieses Dreiecks ist, dass Uranus unentwegt die Aktivität von Mars/Vulkan antreibt. Die angesammelte Fülle des Intellekts wird aufgebraucht, und das Denkvermögen wird lichtdurchlässig, so dass nun die Erfahrung der Seele möglich ist. Auf dieses Dreieck verweist Meister CVV mit den Worten "Miller Form Centre". Ein Müller wandelt alle Körner, die ihm gegeben werden, in feines Mehl um. Genauso ist es, wenn sich die Uranus-Kraft mit der Mars-Kraft verbindet. Gemeinsam wandeln beide die Persönlichkeit in eine lichtdurchlässige Persönlichkeit um, und der Schüler erlebt eine Auswaschung aller nicht wünschenswerten Eigenschaften, die er in sich trägt.

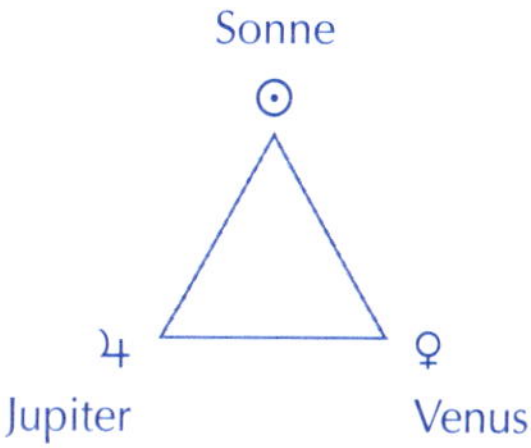

Dies ist ein weiteres Dreieck, durch das man die Herrlichkeit der Seele erfahren kann. Es besteht aus Jupiter, Sonne und Venus.

Jupiter schenkt Bewusstseinserweiterung, und Venus gibt die glanzvolle Erfahrung dieser Ausweitung. Wer dieses Dreieck in seinem Inneren verwirklicht, kann einen überirdischen Zustand erleben.

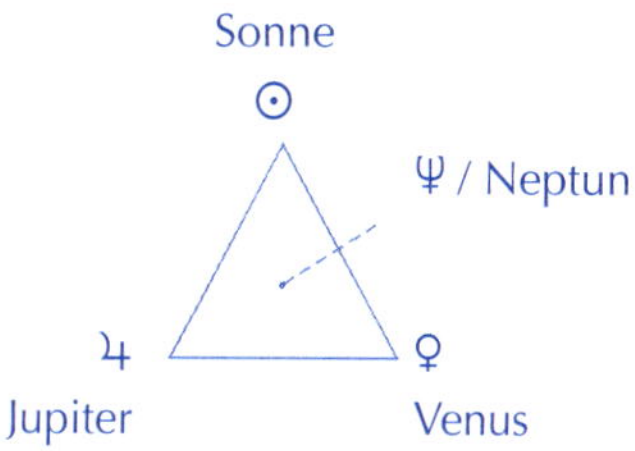

Visualisiert man Neptun im Zentrum dieses Dreiecks, kann man in den höchsten Zustand der Verschmelzung gelangen. Dieses Dreieck wird auch *Gopala* genannt. Immer wenn Lord *Krishna* Flöte spielte, versetzte die Vereinigung der Energien von Neptun, Jupiter, Venus und Sonne seine Umgebung in ekstatische Freude, die auch als Glückseligkeit bezeichnet werden kann. Zutreffend wird dieses Dreieck *Gopala* genannt, denn Jupiter steht für den Klang *GA*, die Sonne steht für den Klang *O*, Venus steht für den Klang *PA* und Neptun steht für den Klang *LA*. Durch Meditation über dieses Dreieck ist man in der Lage, sich von der Umgebung zu lösen und sich mit der Musik der Seele zu verbinden.

Die Arbeit mit den planetarischen Energien, das Aufbauen der entsprechenden Dreiecke ist eine okkulte Praxis, die sich alle Schüler aneignen sollten, um ihr inneres Potential zu erkennen.

Vom Schüler wird erwartet, dass er intuitiv so viele Dreiecke mit der Sonne erarbeitet, wie er braucht, um sich selbst neu zu ordnen. Regelmäßige Kontemplation und regelmäßiger Aufbau von Dreiecken mit der Sonne erheben den Schüler, der Meditation und okkulte Übungen erlernt.

Wir sollten bedenken, dass alle sieben planetarischen Energien in den sieben Zentren des menschlichen Körpers verborgen sind. Dies sind die Entsprechungen:

	Zentrum	Sanskrit-Name	Planet
1	Kopfzentrum	*Sahasrâra*	Jupiter
2	Brauenzentrum	*Âjnâ*	Sonne
3	Kehlzentrum	*Višuddhi*	Merkur
4	Herzzentrum	*Anâhata*	Venus
5	Solarplexus	*Manipûraka*	Mond
6	Sakralzentrum	*Swâdhistana*	Mars
7	Basis der Wirbelsäule	*Mûlâdhâra*	Saturn

35. Günstige Tage, um das ICH-BIN-Bewusstsein zu erkennen

Innerhalb eines Sonnenjahres sind bestimmte Tage günstiger für die Erkenntnis des ICH-BIN-Bewusstseins als andere. Sie hängen mit der scheinbaren Bewegung der Sonne um unsere Erde zusammen. Es sind:

1. die 52 Sonntage,
2. die 2 Sonnenwenden,
3. die 2 Tagundnachtgleichen,
4. die 12 Tage, an denen die Sonne in ein neues Zeichen eintritt,

5. die 24 zunehmenden und abnehmenden 11. Mondphasen,
6. die 4 Sonntage im Wassermann,
7. die 7. zunehmende Mondphase im Wassermann,
8. die ersten 13 Tage im Schützen,
9. die Morgenstunden an jedem Tag, aber ganz besonders an den 30 Tagen im Steinbock.

Wenn sich die Schüler an den oben genannten Tagen das goldene Licht in ihrem eigenen Herzzentrum vorstellen, wird es ihnen helfen, in das goldene Licht der Sonne einzutreten, das die *buddhische* Ebene genannt wird. Ein begeisterter und feuriger Aspirant sollte seinen Zeitplan so ordnen, dass er sich an jenen Tagen tieferer Kontemplation widmen kann.

36. Bhagavad Gîtâ

In der Bhagavad Gîtâ stellt Lord *Krishna* diese Dimension im 4. Kapitel dar: „Ich weihte den Sonnengott ein. Der Sonnengott weihte den *Manu* ein. Der *Manu* weihte *Ikshvâku* ein. Auf diese

Weise erreichte der *Yoga* die Erde. Nach einiger Zeit wurde er verwässert und ging verloren."

Krishna nennt vier Aspekte: ICH, der Sonnengott, der *Manu* und *Ikshvâku*. Das ICH steht für das ICH-BIN-Bewusstsein und ist auf die zentrale Sonne zu beziehen. Der Sonnengott ist auf die planetarische Sonne, der *Manu* auf das Sonnenlicht und *Ikshvâku* auf die Lebewesen der Erde zu beziehen. *Ikshvâku* ist der König der Erde, das Denkvermögen. Er wurde vom *Manu*, das heißt von *Buddhi* eingeweiht. Der *Manu* wurde wiederum von der planetarischen Sonne eingeweiht, und die planetarische Sonne wurde von der zentralen Sonne, dem ICH BIN, eingeweiht. Auf diese Weise wird in der GÎTÂ das Herabkommen des *Yoga* beschrieben: von der zentralen Sonne zur Sonne, von der Sonne zum *Manu* und vom *Manu* zu den *Manushyas*, den Menschen. Durch Kontemplation über diesen Weg wird es möglich, das ICH-BIN-Bewusstsein mit dem eigenen *Âjnâ*-Zentrum zu verbinden. Der Platz des Menschen bzw. des *Ikshvâku* entspricht dem Solarplexus, der Platz des *Manu* ist die Höhle des Herzens, der Platz der Sonne entspricht der Sonne im Herzen und der Platz der zentralen Sonne ist das *Âjnâ*. Im *Himâlaya* singt man diese Hymne und ruft sich die herunterkommende Linie in Erinnerung, bevor man sich um Ausrichtung bemüht. Sogar wenn die Menschen ein Licht anzünden, singen sie die Hymne:

Imam vivasvate yogam
Proktavân aham avyayam
Vivasvân manave prâha
Manur ikshvâka ve abravît

Das bedeutet:

Ich, der ewige Eine,
weihte den Sonnengott *Vivasvata* ein.
Vivasvata weihte den *Manu Vaivasvata* ein.
Vaivasvata weihte *Ikshvâku* ein.

Wir sollten regelmäßig meditieren und uns dabei mit *SOHAM* verbinden. Diese Übung sollten wir so stetig wie möglich durchführen. Unsere Aktivitäten sollten unsere Verbindung mit der Pulsierungstätigkeit nicht behindern. *SOHAM* sollte mit der Atmung und Pulsierung verknüpft werden.

37. *SOHAM*

SOHAM ist eine uralte Methode, um die dreifache Sonne in uns zu erkennen. Atmung und Pulsierung sind ihre Flügel. Jeder kann in seinem Inneren fünf Pulsierungen (*Prânas*) feststellen:

1. Einatmung – *Prâna,*
2. Ausatmung – *Apâna,*
3. ausgeglichene Pulsierung – *Samâna,*
4. aufwärts strebende Pulsierung – *Udâna,*
5. durchdringende Pulsierung – *Vyâna.*

Diese Pulsierungen leiten das *Prâna,* die Lebenskraft im gesamten Körpersystem. Die Einatmung arbeitet von den Nasenlöchern über das Brauenzentrum bis zur Lunge und zum Herzen. Sie ermöglicht den *Prâna*-Zustrom. Die Ausatmung arbeitet vom Nabel abwärts. Sie empfängt die *prânische* Energie von der Einatmung, verteilt sie im Unterkörper und scheidet auch die Kohlenstoffe aus dem Körper aus. Wenn dieses *Prâna,* diese Pulsierung gut arbeitet, bleibt der Vitalkörper stark und besitzt genügend Widerstandskraft gegen Krankheit und Verfall. Auch die Verdauungs- und Ausscheidungsorgane werden von *Apâna* regiert. *Apâna,* die Ausatmung, ist das Gegenstück zu *Prâna,* der Einatmung. Wenn diese beiden gegensätzlich arbeitenden *Prâna*-Kräfte ausgeglichen sind, können wir das *Samâna Prâna* fühlen, jenes pulsierende Prinzip, das zwischen dem Nabel und dem Herzen liegt. Durch Verbindung mit *Samâna Prâna* erreichen wir Ausgeglichenheit. Das Erreichen dieser Ausgeglichenheit ist die Hauptarbeit auf der vierten *Yoga*-Stufe *Prânâyama.* Wenn wir uns mit *Samâna Prâna* verbinden und täglich darin verweilen, gewinnen wir ein gefestigtes Denken, das in angenehmer Verfassung ist. *Samâna Prâna* ist die Grundlage für *Prâna* und *Apâna,* die Ein- und Ausatmung.

Als erstes sollten wir uns mit der Ein- und Ausatmung verbinden. Wenn wir bewusst von den Nasenlöchern über den Nasenrücken den Weg der Atmung verfolgen, hören wir den Klang *SO,* der auf natürliche Weise in uns erzeugt wird. Während wir langsam und bewusst ausatmen, hören wir den summenden Klang *HAM.* Auf diese Weise singt die Atmung *SO – HAM.* Wenn wir uns regelmäßig für längere Zeit mit unserer Ein- und Ausatmung verbinden, langsam, sanft, tief und gleichmäßig ein- und ausatmen, dann hören wir nicht nur den Gesang *SOHAM*, sondern wir entwickeln auch einen starken Vitalkörper, der sich gegen Krankheiten wehren kann. Außerdem können wir ein gefestigtes und angenehmes Denken aufbauen.

Wenn wir diese Übung regelmäßig durchführen, brauchen wir für kurze Zeit nicht mehr einzuatmen. In dieser Zwischenpause spüren wir den Widerhall der Pulsierung, die ebenfalls den subtilen Gesang *SOHAM* singt. Die Pulsierung ist eine zentripetale und zentrifugale Aktivität, die kaum wahrnehmbar das *SOHAM* singt. Durch die Verbindung mit diesem Gesang treten wir in unsere subtile Seite ein. Auf der subtilen Seite unserer Existenz erleben wir das goldene Licht der planetarischen Sonne. Wenn wir uns viele Jahre darin geübt haben, in der subtilen Pulsierung zu verweilen, können wir die erste der drei Sonnen im Herzzentrum erleben.

Weiteres Üben verbindet *Samâna*, die dritte Pulsierung, mit *Udâna*, der vierten Pulsierung. *Udâna* ist eine aufsteigende Pulsierung. Sie führt uns mit ihrer nach oben gerichteten Schubkraft zur Kehle, zum Kehlkopf und zum Nasenrücken.

Indem wir uns auf den aufsteigenden Widerhall ausrichten, erreichen wir das Brauenzentrum. Auf diesem Weg erleben wir eine Licht-Vielfalt von Goldgelb bis Himmelblau über Aquamarin-Grün an der Kehle. Nach diesem Aquamarin-Grün gelangen wir zum Aquamarin-Blau und zum Himmelblau. Wenn der Widerhall der Pulsierung bei den Brauen ankommt, spüren wir, dass der Körper sehr leicht ist. Während der Meditation empfinden wir den Körper leicht wie eine Feder. Mithilfe des Widerhalls der Pulsierung müssen wir vom Brauenzentrum eine Brücke zum *Âjnâ* bauen. Sie entsteht durch jahrelange Übung und gleichzeitige Neutralisierung unseres *Karmas*. Wenn die Brücke erbaut ist, gelangen wir zum *Âjnâ*-Zentrum, das eine Darstellung der zweiten, zentralen Sonne ist. Sogar im *Âjnâ* arbeitet das pulsierende Prinzip weiter und vereint sich mit *Vyâna*, der fünften und letzten Pulsierung.

Vyâna ist die alles durchdringende Pulsierung. Sie bewegt sich im ganzen Körper bis hinauf zur siebten Ebene in uns, wo wir das kosmische Bewusstsein erfahren können. Daher wird das pulsierende Prinzip als großartiges Hilfsmittel betrachtet, mit dem wir alle drei Sonnen in uns selbst wahrnehmen können. Es wird im MAHÂBHÂRATA durch den großen Vogel *Garuda* symbolisiert, der bis zur siebten Ebene und noch weiter aufsteigt, um den Trank der Unsterblichkeit, das Lebenselixier herunterzubringen. Während der ganzen Reise von der planetarischen zur solaren bis zur kosmischen Sonne sind wir mit dem Vogel verbunden. Er ist unser Hilfsmittel, mit dem wir die Wahrheit erreichen können. Auf dem Vogel kommt die Wahrheit aus den höheren Kreisen in die niederen Kreise herunter, wann immer es nötig ist. Wenn wir vom *Sahasrâra* zurückkehren, kommen wir mit der Wahrheit zurück, und zusammen mit der Pulsierung kehren wir vom *Sahasrâra* zum *Anâhata* zurück. Danach geben wir die Wahrheit weiter.

Die Wissenschaft des *Prânâyama* ist tiefgründig und wird an anderer Stelle eigens für sich abgehandelt werden. Wir sollten uns daran erinnern, dass *SOHAM*, der Gesang der *prânischen* Pulsierung wörtlich *Saha Aham* ist. *Saha* bedeutet DAS, *Aham* bedeutet ICH BIN. Der ununterbrochene Gesang *SOHAM*, den die Pulsierung und Atmung ertönen lassen, ist also eine ständige Erinnerung daran, dass jeder von uns nicht nur Ich Bin ist. Wir sind Das Bin Ich. Die Wahrheit ist: Das existiert als Ich Bin.

Wann immer wir Freizeit haben, uns erholen, schlafen oder meditieren, sollten wir uns mit der laut verkündeten Wahrheit Das Bin Ich verbinden. Wir sollten uns auf diese Wahrheit, die im Herzen laut erklingt, ausrichten und uns nicht von der Kompliziertheit der Weisheitskonzepte ablenken lassen. Wir sollten dem Gesang zuhören und mit ihm schwingen wie ein Schwan im Meer des Lichts. Mögen wir alle *Hamsas* (Schwäne) sein.

Danke.

38. Schluss

In zahlreichen Dimensionen wurde vieles über die Sonne dargelegt. Auch ihre Position, Aufgabe und Arbeit wurden erklärt. Durch Nachdenken über die Sonne und alles, was mit ihr verbunden ist, können wir uns entfalten und eine rechte Beziehung zu ihr entwickeln. Jeder von uns sollte sich täglich mit der Sonne in seinem Herzen verbinden.

Ein Gebet:

„Das Licht, das durch die Sonne ausstrahlt,
ist das Licht in der Höhle meines Herzens.
Ich bin dieses Licht.
In Wirklichkeit bin ich dieses Licht.
Tatsächlich befindet sich dieses Licht
im Allerheiligsten meines Wesens.
Ich unterscheide mich nicht von dem Licht.
ICH BIN wahrhaftig DAS.
Allein DAS existiert als ICH BIN.
Meine Existenz ist keine andere
als die Existenz des DAS.
Das Licht ist ewig.
ICH BIN ein Lichtstrahl des DAS.
Ich komme aus dem DAS hervor,
spiele herum und verschmelze schließlich
in dem DAS.
DAS BIN ICH soll meine Kontemplation
und Verwirklichung sein."

Es ist nützlich, vor jeder Meditation die Gedanken in diese Richtung fließen zu lassen.

DAS BIN ICH ist die Wahrheit, die unser Herz laut verkündet. Wenn wir dem Klang der Atmung oder der Pulsierung lauschen, hören wir die Stimme der Stille. Diese Stimme singt das Lied *SOHAM*. Es bedeutet Das Bin Ich. Das Bin Ich ist der ewige Gesang, den der Herzschlag singt. Auch die Pulsierung singt ihn. Durch die Ausrichtung auf den Widerhall der Pulsierung können wir uns mit diesem Gesang vereinen, der ein Geschehen ist. Wir sollten uns diesem Gesang anschließen und uns mit ihm vereinen. Er schwingt hin und her und macht eine Doppelbewegung. Sie ist zentripetal und zentrifugal. Die pulsierenden Klänge *SO* und *HAM*, die wir in der Tiefe unseres Inneren hören und mit denen wir uns in dieser Tiefe verbinden, stellen dar, was wir eigentlich sind. Sie verknüpfen uns mit der dreifachen Sonne in uns. Wenn wir uns mit der Sonne im Herzen verbinden, führt sie uns zur zentralen Sonne in der Stirn und schließlich zur kosmischen Sonne im *Sahasrâra*. Wir sollten uns mit unserer Sonne vereinen und dadurch die drei göttlichen Stadien der Existenz in uns erkennen. Von der Sonne aus betrachtet stellen wir den vierten Zustand dar.

Anhang I

39. Solare Einweihungen – Die Hymne von *Dîrgha Tamas*

Durch den dreifachen Aspekt der Sonne wurden Einweihungen erfasst, die solare Einweihungen genannt werden. Eine dieser Einweihungen wurde von Madame H. P. Blavatsky in ihrem epochalen Werk ISIS ENTSCHLEIERT dargestellt. Da sie von ihr bereits öffentlich bekannt gemacht wurde, wage ich es, diese Einweihung wiederzugeben. Sie hilft dem Weisheitsschüler, wenn er sie regelmäßig studiert und über sie kontempliert.

Es ist ein Fragment der Hymne von *Dîrgha Tamas* (ISIS ENTSCHLEIERT, II).

„An Ihn, der alle Götter repräsentiert."

„Der Gott, der hier anwesend ist, unser gesegneter Schutzherr, unser Opfernder, hat einen Bruder, der sich selbst in der Luft ausbreitet. Es gibt einen dritten Bruder, den wir mit unseren Trankopfern besprenkeln… Ihn habe ich als

Meister der Menschen und ausgestattet mit sieben Strahlen gesehen."

Und erneut:

„Siebenfaches Zaumzeug hilft einen Wagen zu lenken, der nur ein Rad hat. Er wird von einem einzigen Pferd gezogen, das mit sieben Strahlen leuchtet. Das Rad besteht aus drei Teilkreisen: ein unsterbliches Rad, das nie ermüdet und an dem alle Welten hängen."

„Manchmal ziehen sieben Pferde einen Wagen, der sieben Räder hat, und sieben Personen steigen in ihn ein, die von sieben fruchtbaren Wassernymphen begleitet werden."

Das Folgende wird zu Ehren des Feuergottes *Agni* in Worte gefasst. Er wird so deutlich gezeigt, jedoch ist er ein geistiges Wesen, das dem einen Gott untergeordnet ist:

„Ewig der EINE, auch wenn er drei Formen von zweifacher, androgyner Natur hat – er steigt empor! Und die Priester bieten Gott in der Opferhandlung ihre Gebete an, die die Himmel erreichen und von *Agni* nach oben getragen werden."

„Der Herr, Meister des Universums und von Weisheit erfüllt, ist in mich eingetreten, obwohl ich schwach und unwissend bin. Er hat mich aus sich selbst an jenem Ort geformt, an dem Allerheiligsten der Einweihung, an dem die geistigen Wesen mithilfe der Wissenschaft den friedlichen Genuss der Frucht erhalten, die so süß wie Ambrosia ist."

„Pipalbaum (Ficus religiosa), die süße Frucht des Baumes, auf den göttliche Wesen herabkommen, die die Wissenschaft lieben und auf dem die Götter alle Wunderwerke vollbringen. Dies ist ein Geheimnis für den, der den Vater der Welt nicht kennt."

„Diese Verse tragen oben eine Überschrift, die anzeigt, dass sie den *Viśwadevas* (das heißt allen Göttern) gewidmet sind. Wer jenes Wesen nicht kennt, von dem ich in all seinen Erscheinungsformen singe, wird nichts von meinen Versen verstehen. Wer Ihn kennt, dem ist diese Wiedervereinigung nicht unbekannt."

Dies weist auf die Wiedervereinigung und auf die Trennung des unsterblichen und sterblichen Anteils des Menschen hin. „Der unsterbliche Mensch", heißt es im vorhergehenden Vers, „ist in der Wiege des sterblichen Menschen. Die zwei ewigen göttlichen Wesen gehen und kom-

men überall hin. Nur ein paar Menschen kennen den einen, ohne den anderen zu kennen."
(*Dîrgha Tamas*)

Anhang II

40. Hinweise aus der GEHEIMLEHRE von Madame Blavatsky in Bezug auf die Sonne

1. Die Sonne ist ein zentraler Stern und kein Planet. (Wenn sie bei den Planeten mitgezählt wird, wie man es tut, dann einfach deshalb, weil sie für einen verborgenen Planeten steht bzw. diesen verhüllt.)
2. Die Sonne ist lediglich eine jener Sonnen, die … Sonnenblumen eines höheren Lichts sind. Sie wohnt in dem Gefährt Gottes oder einer ganzen Schar von Göttern, wie Milliarden anderer Sonnen.
3. Die Sonne ist das Lagerhaus der Lebenskraft, das das Phänomen der Elektrizität darstellt.
4. Die Sonne … hat ihr Wachstum, ihre Veränderungen, ihre Entfaltung und ihre allmähliche Entwicklungslinie.
5. Die Sonne ist Materie, und die Sonne ist Geist.
6. Die Sonne ist ein großer Magnet.
7. Die solare Substanz ist nicht physisch.

8. Die Sonne, das heißt das Sonnensystem, hat Alcyone in den Plejaden als Zentrum seiner Umlaufbahn.
9. Der Logos mit den sieben Hierarchien stellt eine Macht dar; ebenso stellt die Sonne mit den sieben Hauptplaneten in der Welt der Form eine aktive Kraft dar.
10. Sonne, Mond und Merkur bildeten die früheste Trinität der Ägypter (Osiris, Isis und Hermes).
11. Die sieben Strahlen der Sonne wurden parallel zu den sieben Welten auf jeder Planetenkette und zu den sieben Flüssen von Himmel und Erde geschaffen.
12. Die sieben Strahlen der Sonne werden sich beim letzten *Pralaya* zu sieben Sonnen ausdehnen und die Materie des ganzen Universums absorbieren.
13. Der Mond ist das Denkvermögen der Sonne, und die Sonne ist die Erkenntnis.
14. Die Trinität wird von der Sonne symbolisiert.

a. Die zentrale spirituelle Sonne – Gott, der Vater.
b. Das Herz der Sonne – Gott, der Sohn.
c. Die physische Sonne – Gott, der Heilige Geist.

15. Mehr als in jedem anderen Himmelskörper unseres Sonnensystems hat die unbekannte Macht in der Sonne ihren Wohnsitz eingerichtet.
16. Die zentrale spirituelle Sonne wird von mir, der Sonne, widergespiegelt.
17. Die Sonne ist eine der neun Gottheiten, die jede menschliche Handlung beobachten.
18. Die Sonne war das Abbild der göttlichen Intelligenz oder Weisheit… Das Wort „sol" für die Sonne leitete sich von „solus" ab, das bedeutet der EINE oder ER allein, und der griechische Name „Helios" bedeutete „der Allerhöchste".
19. Die sichtbare Sonne ist nur der zentrale Stern, aber nicht die zentrale spirituelle Sonne.
20. Die Sonne war der lebenspendende und todbringende Himmelskörper.
21. Die Sonne ist der Stellvertreter des unsichtbaren inter-merkurischen Planeten.
22. Die reine Energie der solaren Intelligenz geht von dem leuchtenden Platz aus, den unsere Sonne im Zentrum der Himmel eingenommen hat, und jene reine Energie ist der Logos unseres Systems.

23. Es gibt die Sonne der Einweihung in drei Formen. Zwei davon sind die Tagessonne, und eine ist die Nachtsonne.
24. Alle Eingeweihten sind Verkörperungen der Geschichte der Sonne. Um welche Verkörperung es sich handelt, ist ein weiteres Geheimnis innerhalb des Geheimnisses.
25. Das Geheimnis der Sonne ist das größte aller zahllosen Geheimnisse des Okkultismus.
26. Die Sonne wurde das Auge von Jupiter genannt.
27. Platon erwähnte den Jupiter-Logos, das Wort bzw. die Sonne.
28. Die wirkliche Farbe der Sonne ist blau.
29. Von den nachchristlichen, nicht eingeweihten Astrologen wurde die Sonne als Planet eingeführt.
30. Dieses Selbst, das höchste, eine und universale Selbst, wurde auf der Ebene der Sterblichen von der Sonne symbolisiert. Ihr lebensspendender Glanz war seinerseits das Symbol der Seele. Er tötete die irdischen Leidenschaften, die stets ein Hindernis für die Wiedervereinigung des einzelnen Selbst (des Geistes) mit dem All-Selbst waren. Daher das allegori-

sche Geheimnis… Es wurde von den Söhnen des Feuer-Dunstes und des Lichts dargestellt.

Anhang III

Über den Verfasser

Seit vielen Jahren lehrt K. Parvathi Kumar diverse Weisheitskonzepte und führt viele Gruppen in Europa, Latein-Amerika und Nord-Amerika auf den *Yoga*-Pfad der Synthese. Seine Lehren sind zahlreich und vielfältig. Sie sind praxisorientiert und dienen nicht der bloßen Information.

Für seine Leistungen als Vortragsredner rund um die Welt wurde K. Parvathi Kumar von der Andhra Universität 1997 mit dem Titel „Doktor der Literaturwissenschaften h. c." ausgezeichnet. 2013 wurde er von der Andhra Universität zum Professor ernannt.

Auf der Grundlage der Spiritualität arbeitet K. Parvathi Kumar im Bereich der Wirtschaft, Gesellschaft und Kultur. Seiner Meinung nach haben spirituelle Übungen nur einen Wert, wenn sie zum wirtschaftlichen, kulturellen und gesellschaftlichen Wohlergehen der Menschheit beitragen.

K. Parvathi Kumar hat ein tiefes Wissen in der Symbolik der Weltschriften und ist ein ausgezeichneter Kenner der Astrologie und Homöopathie. In seinen Vorträgen und Seminaren zeigt er Zusammenhänge und Übereinstimmungen zwischen der christlichen Lehre, den *vedischen* Schriften und den theosophischen Büchern von H. P. Blavatsky und Alice A. Bailey. Seine Themen umfassen die Bereiche Meditation, *Yoga*, Astrologie, Heilen, Farbe, Klang, Symbolik, Zeitzyklen, vergleichendes Studium der Weltschriften usw.

Neben seiner beruflichen Tätigkeit und den Verpflichtungen als Familienvater führt er in ehrenamtlicher Arbeit Menschen in Indien, Europa, in Süd- und Nordamerika in die Weisheitslehre ein. Er sagt: „Weisheit ist kein persönliches Eigentum. Man kann sie nicht besitzen. Es ist wichtig, folgende Werte als Grundlagen des menschlichen Lebens zu verstehen und täglich anzuwenden:

- miteinander zu teilen,
- füreinander verantwortlich zu sein und
- füreinander zu leben.

Das Anwenden der Weisheit ermöglicht dem unterbewussten Denken, Dienst- und Opferhandlungen auszuführen."

Der Herausgeber

Anhang IV

Über den Verlag

Die Edition Kulapati arbeitet im Rahmen des World Teacher Trust e. V., um einen Zugang zur zeitlosen Weisheit anzubieten.

Der World Teacher Trust wurde im Jahre 1971 von Dr. Ekkirala Krishnamacharya in Visakhapatnam (Indien) ins Leben gerufen. Heute ist Dr. K. Parvathi Kumar Präsident des internationalen World Teacher Trust. Mehr als 18 Jahre arbeitete er mit Dr. Ekkirala Krishnamacharya zusammen und begleitete ihn auf seinen Reisen durch Europa. Um die geistige Synthese zwischen Ost und West zu fördern, wurde der World Teacher Trust auch in Europa und Amerika gegründet.

Die Edition Kulapati veröffentlicht die deutschen Übersetzungen der Bücher dieser beiden großen Lehrer der spirituellen Wissenschaften. Die Veröffentlichung der Bücher wird durch freiwillige Mitarbeit von Personen ermöglicht, die dem World Teacher Trust nahestehen. Die Einnahmen aus der Verlagstätigkeit werden nur für die Veröffentlichung neuer Bücher und für Folgeauflagen verwendet. Die Bücher können über den Buchhandel bezogen werden oder direkt bei „Synergia Verlag und Auslieferung" in 64380 Roßdorf, Industriestr. 20 unter:

http://www.synergia-verlag.de

bzw.

http://www.kulapati.de

Von Ekkirala Krishnamacharya sind in deutscher Übersetzung bei der Edition Kulapati die folgenden Bücher erschienen:

- Der Weltlehrer – Die Ankunft von Lord Krishna
- Der Yoga des Patanjali
- Die Weisheit des Pythagoras
- Die Weisheit des Sternenhimmels
- Die Wissenschaft der Homöopathie
- Einweihung
- Mandra Gita – eine Bhagavad Gita für das Wassermannzeitalter
- Meditation zum Vollmond
- Meister CVV
- Musik der Seele
- Mystische Mantren und Meister CVV

- Opfer des Menschen
- Spirituelle Astrologie
- Spirituelle Psychologie
- Weisheitsgeschichten

Von K. Parvathi Kumar sind in deutscher Übersetzung bei der Edition Kulapati die folgenden Bücher erschienen:

- Agni – das Feuerritual und seine Symbolik
- Blätter aus dem Ashram — Ashram Leaves
- Das Wassermannkreuz
- Dattatreya – Symbol und Bedeutung
- Der Ätherkörper
- Der Lehrer – Sinn und Bedeutung
- Der Wassermann-Meister
- Der Weg zur Unsterblichkeit – das Venusprinzip
- Die Ehe – Das heilige Sakrament
- Die Lehren von Kapila
- Die Lehren von Sanat Kumara
- Die Sonne – Das Bin Ich
- Dienst – eine Lebensart — On Service
- Die theosophische Bewegung
- Gebete — Prayers
- Gesundheit und Harmonie – Band I und II)

- Herkules – der Mensch und das Symbol
- Invokationen der violetten Flamme
- Jupiter
- Kapila und Kardama
- Klang – der Schlüssel und seine Bedeutung
- Mantren – Bedeutung und Anwendung (+ 2CD)
- Mars – der Kumara
- Meister CVV – Saturn-Regulierungen
- Meister EK – der Lehrer des neuen Zeitalters
- Merkur – der Alchemist
- Mithila – Grundlagen einer spirituellen Erziehung
- Okkulte Meditationen
- OM Namo Narayanaya
- Saraswathi – das Wort
- Saturn
- Shirdi Sai Sayings – Worte der Weisheit
- Spiritualität und Geschäftswelt
- Spirituelles Heilen
- Über die Liebe
- Über die Stille
- Über Veränderung — On Change
- Uranus – der Alchemist des Zeitalters
- Vidura, Lehren der Weisheit
- Zeit – der Schlüssel